왕초보부터 A2까지 **한 달** 완성

GO! 독학
스페인어
첫걸음

조혜진 지음 ㅣ Pedro Pombo 감수

S 시원스쿨닷컴

GO! 독학 스페인어 첫걸음

초판 1쇄 발행 2017년 9월 27일
개정 2판 1쇄 발행 2024년 11월 11일

지은이 조혜진
감수 Pedro Pombo
펴낸곳 (주)에스제이더블유인터내셔널
펴낸이 양홍걸 이시원

홈페이지 www.siwonschool.com
주소 서울시 영등포구 영신로 166 시원스쿨
교재 구입 문의 02)2014-8151
고객센터 02)6409-0878

ISBN 979-11-6150-910-5 13770
Number 1-511113-26269920-08

GO! 독학 스페인어 첫걸음

¡Hola, todos!

올라 　　　또도스!

모두들 안녕하세요!

스페인어를 선택한 여러분, 환영합니다.

스페인어에 대한 관심은 언제부터 였을까요? 분명한 것은 이 인기가 아직도 진행 중이라는 것입니다. 스페인어권 세계의 매력이 지속되는 한 그곳의 언어에 대한 크나큰 관심도 늘 함께 하겠지요.

스페인어를 공용어로 하는 지역은 독보적인 문화유산이나 아름다운 자연은 물론 개방적이고 활발하며 따뜻한 사람들까지 누구나 가까이하고 싶어 하는 것들을 두루 갖추었습니다. 그러니 그들의 언어도 그 땅과 사람들을 닮아 있겠지요. 스페인어를 익히다 보면 여러분도 느끼실 수 있을 거예요.

또한 스페인어는 프랑스어, 포르투갈어, 이탈리아어, 루마니아어와 함께 로마인들의 말이었던 라틴어에서 파생한 언어랍니다. 달리 말해, 이 언어들은 내부적으로 많은 공통점이 있다는 뜻이기도 합니다. 혹시 이 언어들 중 어떤 것이라도 구사할 줄 안다면 스페인어 습득은 훨씬 빠르고 쉽게 이루어질 수 있을 거예요. 반대로, 스페인어를 구사할 줄 안다면 이 언어들의 습득이 수월할 수 있다는 뜻이기도 하지요. 혹시 나중에 스페인어의 자매어들 중 하나도 배우고 싶은 분이 계시다면 먼저 스페인어를 잘 습득하는 것이 큰 도움이 되리라고 생각됩니다.

한국에서 스페인어를 배운다는 것은 참 쉽지 않습니다. 원어민을 만날 수 있는 기회가 없을뿐더러 스페인어가 사회 내에서 노출되는 언어도 아니기 때문에 영어와 비교해 볼 때 아직까지도 개인의 관심과 노력 없이는 쉽게 접근하기조차 어려운 언어라고 생각합니다.

그래서 집이나 카페, 어디에서든 기초적인 생활 스페인어가 가능하도록 최대한 다방면의 정보를 제공해 줄 수 있는 교재에 대한 고민과 준비가 시작되었습니다. 그 결과 본 교재에서는 실생활에 유용한 대화문을 담고, 관련된 기초 어휘와 활용 표현, 문법 지식을 제공하며, 또한 첫 4과까지는 최대한 원어민 발음에 가깝게 한글 독음을 함께 수록하여 발음 익히기에 대한 준비를 소홀히 하지 않았습니다. 이와 더불어 MP3를 들으며 정확한 발음을 연습한다면 최소한 발음에 대해서는 걱정하지 않아도 될 것이라고 생각합니다. 그리고 매 단원을 마무리하면서 연습문제 풀이를 통해 자신이 이해한 바를 확인해 볼 수 있게 준비하였습니다. 물론, 별책 부록도 있습니다. 스페인어 필수 동사 150개와 유용한 예시들은 그 자체로 중요한 지식이라고 할 것입니다. 마지막으로, 곳곳에 포함된 꿀팁들도 알고 보면 지나칠 수 없는 정보들입니다.

이렇게 준비된 모든 것들은 독자의 호기심과 관심, 이해와 암기 과정 없이는 그저 글자들일 뿐입니다. 어떤 것은 쉽고, 어떤 것은 어렵겠지요. 그래도 한 번 쭉 끝까지 살펴봐주세요. 그리고 나서 어려운 부분을 다시 꼼꼼히 공부해 주세요. 그래도 부족함이 느껴진다면 어휘 만이라도 충분히 암기해 주세요. 기초 단계에서 부족한 부분은 어휘력으로 충분히 보완할 수 있으니까요.

이 교재를 통해 멀고 모호했던 스페인어를 좀 더 구체적이고 가까이 접할 수 있게 되기를 진심으로 바랍니다. 자신의 것으로 만들 수 있도록 충분히 반복적으로 보아주세요. 그리고 나서 자신의 입으로 발음하는 스페인어를 즐기다가 상대 화자의 반응을 이끌어낼 수 있는 단계까지 성장하게 되길 바랍니다. 스페인어의 세계로 첫걸음을 내딛는 여러분이 열 걸음, 스무 걸음 지치지 않고 나아가도록 마음으로부터 응원합니다.

저자 조혜진

이 책의 구성과 특징

말문 트GO!

각 Capítulo마다 2세트의 대화문을 수록했습니다. 등장인물들이 스페인에서 생활하며 마주하는 다양한 상황과 대화를 통해 생활 밀착형 표현을 배울 수 있어요. 모르는 단어는 대화문 하단에서 바로바로 찾고, 대화의 포인트가 되는 꿀팁까지 **포인트 잡GO!**로 확인해보세요.

핵심 배우GO!

대화문 중 핵심이 되는 표현을 꼼꼼히 짚어보고, 응용 표현까지 자연스럽게 익힙니다. 실수하기 쉬운 부분, 유의사항까지 빠짐없이 제공하니 놓치지 마세요.

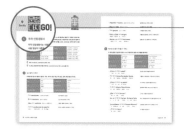

문법 다지GO!

꼭 필요한 문법만 제대로 배웁니다. 한눈에 들어오는 도표, 간결하고 이해하기 쉬운 설명, 다양한 예문으로 목표로 하는 내용을 차근차근 내 것으로 만들어보세요. 대화문에 등장한 스페인어 기초 핵심 문법을 빠짐없이 마스터할 수 있습니다.

어휘 늘리GO!

각 Capítulo와 관련된 주제로 꼭 알아야 할 필수 어휘와 표현을 살펴봅니다. 교재에 수록된 다양한 어휘들을 꼼꼼히 학습하다 보면 어느새 여러분의 어휘 실력이 쑥쑥 자라있을 거예요.

실력 높이GO!

각 Capítulo에서 다룬 듣기, 문법, 작문까지 모든 영역의 실력을 점검할 수 있도록 연습문제를 제공합니다. 스스로 얼마나 완벽하게 이해하고 잘 습득했는지 점검해 보세요.

스페인어권 세계 만나GO!

스페인어권 국가들의 역사, 음식, 전통, 예술, 관광명소, 주요 기념일 등 다양한 문화 요소와 현지 정보도 만나 보세요.

스페인어 필수 동사 150

스페인어에서 기본적으로 사용되는 동사 150개를 선정하여 현재시제와 과거시제, 미래시제의 형태를 제시하고, 이 동사로 구성되는 필수 예문도 살펴봅니다.

MP3 파일

외국어 학습에 있어 많이 듣고 따라하기는 매우 중요합니다. 대화문과 듣기 연습문제의 MP3 파일을 제공하므로 원어민 성우의 정확한 발음을 듣고 따라하며 반복 연습하세요.

동영상 강의

독학을 위한 유료 동영상 강의를 제공합니다. 각 Capítulo의 핵심 내용을 쉽고 간결하게 설명합니다. 동영상 강의는 https://spain.siwonschool.com에서 확인하세요.

무료 부가 학습자료

스페인어 기초 단어
무료 동영상

스페인어 기초 단어
PDF

스페인어 동사 변화
무료 동영상

차례

¡Vamos a empezar!

별책부록

학습 구성

등장인물

주요 인물

루이스 (스페인인, 학생, 남)

스페인 마드리드의 한 대학에서 정치학을 전공하는 학생, 22세

수빈 (한국인, 학생, 여)

스페인 마드리드의 한 대학에서 공부하는 교환학생, 22세

페레스 (스페인인, 선생님, 여)

스페인 마드리드의 한 대학에서 스페인어를 가르치는 선생님, 45세

다운 (한국인, 학생, 남)

스페인 마드리드의 한 대학에서 공부하는 교환학생, 22세

엘레나 (스페인인, 학생, 여)

스페인 마드리드의 한 대학에서 미술사를 공부하는 학생, 22세

알렉스 (스페인인, 학생, 남)

루이스의 동생, 대학생, 21세

소피아 (스페인인, 학생, 여)

엘레나의 친구, 대학생, 22세

그 밖의 인물

 웨이터(레스토랑)

 웨이터(레스토랑)

 웨이터(한국 식당)

 하비에르
(페레스 선생님 남편)

 점원(구두 가게)

 판매원(과일 가게)

 엘레나 어머니

이 밖에도 대화문에 주어진 상황에 따라
다양한 인물들이 등장합니다.

¡Vamos a empezar!

스페인어 첫걸음을
출발하기 전,
꼭 필요한 기초부터
탄탄히 준비해 보세요.

▲ MP3 음원

Ⅰ 알파벳과 발음 준비하GO!

Ⅱ 강세 준비하GO!

Ⅲ 문법 맛보GO!

알파벳과 발음 준비하GO!

스페인어는 모음이 '아, 에, 이, 오, 우' 5개 밖에 없고, 22개의 자음은 우리말의 ㄲ, ㄸ, ㅃ, ㅆ처럼 주로 입 앞자리에서 된소리로 발음하는 언어예요. 따라서 한국인들에게는 무척 쉬운 발음이지요. 쓰인 대로 발음하고, 발음하는 대로 쓰는 스페인어가 우리말과 어떻게 다른지 이제부터 알아볼까요?

1. 스페인어 알파벳과 발음(Abecedario español)

🎧 Track 00-01

• 모음

철자	뜻			
A a (아)	Argentina 아르헨띠나	andar 안다르	autobús 아우또부스	avión 아비온
E e (에)	Ecuador 에꾸아도르	edificio 에디피씨오	ejemplo 에헴쁠로	elefante 엘레판떼
I i (이)	iglú 이글루	iguana 이구아나	imitación 이미따씨온	infusión 인푸시온
O o (오)	olor 올로르	oposicion 오뽀시씨온	orden 오르덴	oso 오소
U u (우)	Uruguay 우루과이	unión 우니온	utopía 우또피아	uva 우바

• 자음

철자	설명과 예시
B b (베)	우리말 ㅂ과 유사한 발음 Bolivia 볼리비아　　barco 바르꼬　　beber 베베르
C c (쎄)	① ca, co, cu, cl, cr : 우리말 ㄲ과 유사한 발음 casa 까사　　Colombia 꼴롬비아　　Cuba 꾸바　　claro 끌라로　　cliente 끌리엔떼 clima 끌리마　　creencia 끄레엔씨아　　crisis 끄리시스　　cruz 끄루쓰 ② ce, ci : 우리말 ㅆ과 유사한 발음이지만 스페인 중북부 지역에서는 영어 [θ]와 유사하게 발음 cebada 쎄바다　　censura 쎈수라　　acero 아쎄로 cielo 씨엘로　　círculo 씨르꿀로　　ciudad 씨우닷 ③ ch : 우리말 ㅊ과 유사한 발음 Chile 칠레　　leche 레체　　muchacho 무차초

D d (데)	우리말 ㄷ과 유사한 발음 día dado dedo 디아 다도 데도
F f (에페)	영어 f와 유사한 발음 falda física fortuna 팔다 피시까 뽀르뚜나
G g (헤)	① ga, go, gu, gl, gr : 우리말 ㄱ과 유사한 발음 gato gota Guatemala globo regla 가또 고따 과떼말라 글로보 레글라 gluten Grecia grito peligro 글루뗀 그레씨아 그리또 뻴리그로 ② ge, gi : 우리말 ㅎ과 유사한 발음이지만 스페인에서는 목 안쪽에서 강하게 발음하는 경향이 있음 gesto gimnasio Argentina 헤스또 힘나시오 아르헨띠나 ③ gue, gui : 우리말 '게, 기'와 유사하며 u는 발음하지 않음. guerra águila guión 게ㄹ-라 아길라 기온 ④ güe, güi : 우리말 '구에, 구이'와 유사하며 u를 발음 pingüino lingüista bilingüe 뼁구이노 링구이스따 빌링구에
H h (아체)	묵음이므로 발음하지 않음 helado Honduras La Alhambra 엘라도 온두라스 라 알암브라
J j (호따)	우리말 ㅎ과 유사한 발음이지만 스페인에서는 목 안쪽에서 강하게 발음하는 경향이 있음 jamón garaje reloj 하몬 가라헤 렐로흐
K k (까)	우리말 ㄲ과 유사한 발음(모두 외래어) kebab kilómetro kiwi 께밥 낄로메뜨로 끼위
L l (엘레)	① 영어 l과 유사한 발음 labor león limón 라보르 레온 리몬 ② ll : 우리말 '야, 예, 이, 요, 유'와 유사한 발음(지역이나 국가별로 발음의 차이가 있음) llama lluvia calle 야마 유비아 까예
M m (에메)	우리말 ㅁ과 유사한 발음 mesa mochila álbum 메사 모칠라 알붐
N n (에네)	우리말 ㄴ과 유사한 발음 naranja noviembre Nicaragua 나랑하 노비엠브레 니까라과

Ñ ñ (에녜)	우리말 '냐, 녜, 니, 뇨, 뉴'와 유사한 발음 ñoqui añejo señor 뇨끼 아녜호 세뇨르
P p (뻬)	우리말 ㅃ과 유사한 발음 piano Perú puente 삐아노 뻬루 뿌엔떼
Q q (꾸)	que, qui ('께, 끼')만 사용되며 u는 발음하지 않음 queja querido queso 께하 께리도 께소 quiebra química Quito 끼에브라 끼미까 끼또

R r
(에르-레)
	① 영어 r과 유사하지만 우리말 '라, 레, 리, 로, 루'처럼 입 앞쪽에서 모두 발음하는 점이 다름
	
	    agrio príncipe amor
	    아그리오 쁘린씨뻬 아모르
	
	② rr : 혀를 입천장에 부딪쳐 나는 진동음
	
	    guerrero arriba carril
	    게ㄹ-레로 아ㄹ-리바 까ㄹ-릴
	
	③ r가 낱말 첫 자리에 올 때는 진동음으로 발음
	
	    rueda rosa río
	    ㄹ-루에다 ㄹ-로사 ㄹ-리오

S s (에세)	우리말 ㅅ과 유사한 발음 sol salida silencio 솔 살리다 실렌씨오
T t (떼)	우리말 ㄸ과 유사한 발음 tamaño tela tijeras 따마뇨 뗄라 띠헤라스
V v (우베)	영어 b와 동일한 발음 vaca Venezuela viento 바까 베네쑤엘라 비엔또
W w (우베 도블레)	모두 외래어 waterpolo web Washington 워터폴로 웹 워싱턴

X x
(에끼스)
	① 우리말 'ㄱ스'와 유사한 발음
	
	    examen experto mixto
	    엑사멘 엑스뻬르또 믹스또
	
	② 낱말 첫 자리에서는 우리말 ㅅ과 유사한 발음
	
	    xilófono xenofobia xilografía
	    실로포노 세노포비아 실로그라피아
	
	③ 멕시코와 (과거) 멕시코의 지명은 우리말 ㅎ과 유사하게 발음
	
	    México Texas Oaxaca
	    메히꼬 떼하스 오아하까

Y y (이 그리에가)	모음 i와 유사한 발음이지만 지역이나 국가별로 발음의 차이가 있음
	yate yema Uruguay 아떼 예마 우루과이
Z z (쎄따)	우리말 ㅆ과 유사한 발음이지만 스페인 중북부 지역에서는 영어 [θ]와 유사하게 발음
	zapato zebra arroz 싸빠또 쎄브라 아ㄹ-로쓰

💡 혼동하기 쉬운 발음을 다시 한 번 확인해 보아요.

ca, co, cu, que, qui : ㄲ

ce, ci, za, ze, zi, zo, zu : ㅆ 또는 [θ]

ga, go, gu, gue, gui : ㄱ

ge, gi, ja, je, ji, jo, ju : ㅎ

lla, lle, lli, llo, llu : ㅇ

강세 준비하GO!

스페인어는 어휘에 따라 강세를 나타내는 부호인 ´ 가 있는 언어예요. 이는 강세 규칙을 기반으로 결정되어요. 정확하게 말하고 필기하는데 매우 중요하다고 할 수 있어요.

강세 (acento)

🎧 Track 00-02

모든 낱말은 1개의 음절(모음)이 강세를 가져요. 이 음절은 다른 음절보다 높게 읽어 차이를 두어요.

① n, s를 제외한 자음으로 끝난 낱말은 마지막 음절(모음)에 강세가 와요.

> 예 español, salud, comer, reloj

② n, s와 모음으로 끝난 낱말은 끝에서 두 번째 음절(모음)에 강세가 와요.

> 예 nevera, calle, aman, amas

③ 위 규칙에서 어긋난 음절이 강세를 갖게 되면 모음 위에 ´ 부호를 첨가해요.

> 예 cámara, útil, inglés, andén

④ 동음이의어 구분에 강세 부호가 사용되어요.

> 예 él 그   té 차   sí 예
>   el 정관사 남성형   te 너에게, 너를   si 만일

 강세 부호가 있는 낱말이라도 성이나 수가 변화하면 강세 부호가 첨삭되어요.
francés - francesa
autobús - autobuses
joven - jóvenes

문법 맛보GO!

'외국어이니 문장만 암기해서 말하면 그만이다'라고 생각할 수 있지만 이는 당연히 한계가 있겠지요. 처음부터 차근차근 이해하며 나아간다면 암기보다 훨씬 많은 이야기를 만들어낼 수 있어요. 필수 요소에 대한 '이해'와 '꾸준함'이 가장 중요해요.

1. 명사의 성과 수

스페인어는 남성과 여성으로 성의 구분이 있는 언어에요. 명사를 기본으로, 형용사, 관사, 대명사가 수식하는 말에 따라 성과 수의 형태가 바뀔 수 있어요. 생물은 타고난 성을 따르며, 남성을 여성으로, 또는 여성을 남성으로 형태를 바꿀 수 있어요. 그러나 무생물이나 개념 등은 고정된 성을 따라요. 예외가 있음에 주의해야 하며, 중성이 소수의 문법적인 개념에 부여되어요.

성	
남성	여성
-o로 끝난 낱말 niño, mexicano / libro 남자아이, 멕시코 남자 / 책	-a로 끝난 낱말 niña, mexicana / casa 여자아이, 멕시코 여자 / 집
-자음으로 끝난 낱말 francés, español / hotel 프랑스 남자, 스페인 남자 / 호텔	생물에는 -a 첨가 francesa, española / vida 프랑스 여자, 스페인 여자 / 생명
-aje로 끝난 낱말 mensaje, garaje, viaje 메시지, 주차장, 여행	-d나 -ión으로 끝난 낱말 ciudad, libertad, información, tensión 도시, 자유, 정보, 긴장
-e로 끝난 낱말 (남성 또는 여성)	
restaurante, coche, cine 레스토랑, 자동차, 영화관	noche, leche, nieve 밤, 우유, 눈
-ista, -ente, -ante로 끝난 낱말 (남성과 여성 모두 지칭)	
taxista, paciente, estudiante 택시기사, 환자, 학생	
남성과 여성의 형태가 다른 낱말	
hombre, príncipe, rey, padre 남자, 왕자, 왕, 아버지	mujer, princesa, reina, madre 여자, 공주, 여왕, 어머니
예외!	
día, idioma, mapa, problema 날, 언어, 지도, 문제	mano, flor, sal, imagen 손, 꽃, 소금, 이미지

수	
단수	복수
모음으로 끝난 낱말 niño, mexicano, libro 남자아이, 멕시코인, 책	-s 첨가 niños, mexicanos, libros 남자아이들, 멕시코인들, 책들
자음으로 끝난 낱말 español, profesor, color 스페인남자, 선생님, 색깔	-es 첨가 españoles, profesores, colores 스페인남자들, 선생님들, 색깔들
-z로 끝난 낱말 lápiz, actriz, matiz 연필, 여배우, 뉘앙스	-c로 바꾼 후 -es 첨가 lápices, actrices, matices 연필들, 여배우들, 뉘앙스들
-s로 끝난 낱말 lunes, paraguas, crisis 월요일, 우산, 위기	변동 없음 (다수의 예외 있음) lunes, paraguas, crisis 월요일, 우산들, 위기

 -s로 끝나는 낱말이 뒤에서 두 번째 음절에 강세가 있으면 단수형과 복수형이 동일한 형태예요. 그러나 마지막 음절에 강세가 있으면 복수 어미 -es를 첨가해요. (autobús-autobuses, inglés-ingleses)

형용사는 주로 명사의 뒤에서 수식하며, 명사의 성과 수에 형태를 일치해야 해요.

· un coreano alto 키 큰 한국인 남자 – una coreana alta 키 큰 한국인 여자

· unos coreanos altos 키 큰 한국인 남자들 – unas coreanas altas 키 큰 한국인 여자들

· un inglés amable 상냥한 영국인 남자 – una inglesa amable 상냥한 영국인 여자

· unos ingleses amables 상냥한 영국인 남자들 – unas inglesas amables 상냥한 영국인 여자들

· Mis hermanas son muy guapas. 나의 자매들은 아주 예쁘다.

· Los profesores están ocupados. 선생님들은 바쁘시다.

2. 문장 부호 ¿ ?, ¡ !

의문문과 감탄문의 문장 부호는 문장의 앞과 뒤에 각각 ¿ ?, ¡ !의 형태로 배치해요.

· ¿Eres coreano? ¿Cómo estás?

· ¡Hola! ¡Gracias!

 약어

    m. 남성 명사

    f. 여성 명사

    pl. 복수형

    adj. 형용사

    adv. 부사

스페인은 어떤 나라?

Granada

España에 대한 기초 정보

📍 **국명** España

📍 **수도** Madrid

📍 **공용어** castellano (español)

📍 **정부 형태** 입헌군주제

📍 **국왕** Felipe 6세

📍 **면적** 505,944 ㎢

📍 **인구** 48,446,594명 (2023년)

📍 **GDP** 1조 5800억 $ (2023년)

📍 **국제전화번호** +34

📍 **화폐** 유로화(€)

스페인어권 세계 만나GO!

Hispanoamérica에 대한 기초 정보

'이스빠노아메리카'란 스페인어를 (공동)공용어로 사용하는 라틴아메리카 국가들로 구성된 지역을 가리켜요. 1492년 콜럼버스에 의해 신대륙의 존재가 유럽에 알려진 후 식민지화되었으며 대부분의 국가들이 19세기에 독립했어요.

오늘날 많은 지역에서 guaraní과라니, aimara아이마라, quechua께추아, náhuatl나우아뜰, maya마야 등의 지역 토착어를 공동공용어로 지정하고 있으며, Puerto Rico는 미국의 자유 연합주이므로 보는 시각에 따라 이 공동체에서 제외되기도 해요. 인구수로는 중국, 인도, 유럽연합에 이어 네 번째로 큰 공동체예요.

면적	11,500,073 km²
인구	426,068,773 명 (2020년)
총 19개국	Argentina, Bolivia, Chile, Colombia, Costa Rica, Cuba, Ecuador, El Salvador, Guatemala, Honduras, México, Nicaragua, Panamá, Paraguay, Perú, Puerto Rico, República Dominicana, Uruguay, Venezuela
공용어	스페인어와 원주민어
종교	대부분 가톨릭

 아프리카 대륙의 적도 기니(Guinea Ecuatorial)에서도 스페인어가 공동공용어예요.

¿Cómo te llamas?

Capítulo
01

¿Cómo te llamas?

너는 이름이 어떻게 되니?

▲ MP3 음원

01강

╲ 학습 목표
주어의 신분과 특징에 대해 말할 수 있다.
이름을 묻거나 말할 수 있다.

╲ 공부할 내용
주격 인칭대명사
ser 동사
이름 말하기
기본적인 인사말

╲ 주요 표현
Soy coreano.
¿Cómo te llamas?
Hola, buenos días.

◀ 카스테욘주에 위치한 지중해 해안 도시 페니스콜라의 성에서 관찰한 전경이다.

Madrid

 Diálogo 1 🎧 Track 01-01

수빈과 루이스가 처음 만나 인사를 나눕니다.

Luis	Hola, soy Luis Morales. ¿Y tú? 올라 소이 루이스 모랄레스 이 뚜
Subin	Hola, soy Subin Kim. 올라 소이 수빈 김
Luis	¿Eres japonesa? 에레스 하뽀네사
Subin	No, no soy japonesa. Soy coreana. 노 노 소이 하뽀네사 소이 꼬레아나 ¿Eres español? 에레스 에스빠뇰
Luis	Sí, soy madrileño. Encantado. 씨 소이 마드릴레뇨 엔깐따도
Subin	Mucho gusto. 무초 구스또

루이스   안녕, 나는 루이스 모랄레스야. 너는?

수빈   안녕, 나는 김수빈이야.

루이스   너는 일본인이니?

수빈   아니, 나는 일본인이 아니야. 한국인
이야. 너는 스페인 사람이야?

루이스   응, 나는 마드리드 출신이야. 만나서
반갑다.

수빈   만나서 반가워.

---

hola 안녕   **y** 그리고   **japonés(a)** m.f. 일본인 m. 일본어   **coreano/a** m.f. 한국인 m. 한국어
español(a) m.f. 스페인인 m. 스페인어   **madrileño/a** m.f. 마드리드인   **sí** 예   **no** 아니요
encantado/a 만나서 반갑습니다   **mucho gusto** 만나서 반갑습니다   **mucho/a** adj. 많은 adv. 많이

 포인트 잡GO!

encantado/a는 화자의 성별에 따라 encantado(남), encantada(여)를 선택 사용하지만, mucho gusto는 화자의 성별과
무관해요. 또한 물음표와 느낌표는 문장 앞에도 거꾸로 써줘요.

핵심 배우GO!

Barcelona

1 주어 표현하기

- Luis y yo
  루이스 이 요
  루이스와 나

  → Nosotros somos españoles.
  노소뜨로스　소모스　에스빠뇰레스
  우리는 스페인 사람이다.

- Subin y ella
  수빈　이 에야
  수빈이와 그녀

  → Ellas son coreanas.
  에야스　손　꼬레아나스
  그녀들은 한국인이다.

- Elena
  엘레나
  엘레나

  → Ella es española.
  에야 에스　에스빠뇰라
  그녀는 스페인 사람이다.

  💡 주격 인칭대명사는 주어의 성과 수에 형태를 일치해야 하며, 주어가 여러 명으로 구성되는 경우 어떤 대명사로 표현되는지 판단해야 해요.

2 주어에 알맞은 ser 동사 활용하여 이름이나 국적 말하기

Ser 동사는 '~이다'의 뜻으로 가장 기초적인 동사예요. 스페인어는 인칭별로 동사의 형태가 바뀌어요.

- (Yo) Soy coreano. 요 소이 꼬레아노
  (나는) 한국인이다.

- (Tú) Eres coreana. 뚜 에레스 꼬레아나
  (너는) 한국인이다.

- (Él) Es español. 엘 에스 에스빠뇰
  (그는) 스페인 사람이다.

- (Vosotros) Sois españoles. 보소뜨로스 소이스 에스빠뇰레스
  (너희들은) 스페인 사람이다.

- Ustedes son coreanas. 우스떼데스 손 꼬레아나스
  당신들은 한국인이다.

  💡 주어에 따라 동사의 형태가 각기 달라요. 따라서 동사만으로도 주어가 무엇인지 알 수 있는 경우가 많아요.

Madrid

말문 트GO!

📧 Diálogo 2 🎧 Track 01-02

페레스 선생님과 다운이는 반갑게 인사를 나눕니다.

Profesora Pérez	¡Hola, buenos días! 올라 부에노스 디아스	
Daun	¡Buenos días! 부에노스 디아스	
Profesora Pérez	¿Eres estudiante de español? 에레스 에스뚜디안떼 데 에스빠뇰	
Daun	Sí, me llamo Daun Mun. Usted es 씨 메 야모 다운 문 우스뗏 에스 profesora de español, ¿verdad? 쁘로페소라 데 에스빠뇰 베르닷	
Profesora Pérez	Sí. Encantada, Daun. 씨 엔깐따다 다운	
Daun	Mucho gusto, profesora. 무초 구스또 쁘로페소라 ¿Cómo se llama usted? 꼬모 세 야마 우스뗏	
Profesora Pérez	Me llamo Sandra Pérez. 메 야모 산드라 뻬레쓰	

페레스 선생님	안녕하세요!
다운	안녕하세요!
페레스 선생님	스페인어 학생인가요?
다운	예, 저는 문다운이라고 해요. 스페인어 선생님이시지요, 그렇죠?
페레스 선생님	예. 만나서 반가워요, 다운.
다운	만나서 반갑습니다, 선생님. 성함이 어떻게 되시나요?
페레스 선생님	나는 산드라 페레스라고 해요.

> **bueno/a** 좋은, 착한 **día** m. 날, 낮 **estudiante** m.f. 학생 **de** ~의 **llamarse** 이름이 ~이다
> **profesor(a)** m.f. 선생님, 교수님 **verdad** f. 사실, 진실 **¿ ~ ?** 그렇지요? **cómo** 어떻게 (의문사)

포인트 잡GO!

전치사 de는 영어 *from*이나 *of*와 유사하며, 출신지나 관계, 소유, 소속, 재료 등을 나타내는데 쓰여요.

Barcelona

① 이름 묻고 말하기

의문사 cómo와 llamarse 동사를 활용해 이름을 묻고 답할 수 있어요.

- **¿Cómo te llamas?** 꼬모 떼 야마스   너는 이름이 어떻게 되니?
- **¿Cómo se llama usted?** 꼬모 세 야마 우스뗏   당신은 이름이 어떻게 됩니까?
- **¿Cómo se llama ella?** 꼬모 세 야마 에야   그녀는 이름이 어떻게 돼요?

💡 '이름이 어떻게 되세요?'의 구조로 cómo를 사용한다고 판단하면 좋아요.

- Me llamo **Subin Kim.** 메 야모 수빈 김   나는 이름이 김수빈이다.
- Se llama **Subin Kim.** 세 야마 수빈 김   그녀는 이름이 김수빈이다.

💡 llamarse 동사의 경우 특이하게 두 개의 낱말로 구성되는 동사임을 기억해요.

② 다양한 상황별 인사 말하기

스페인어의 인사말은 오전, 오후, 밤으로 시간대를 나눌 수 있어요. 다양한 상황별 인사를 말해보세요.

- Hola, buenos días. 올라 부에노스 디아스   안녕하세요.
- Buenos días. 부에노스 디아스   안녕하세요.(오전)
- Buenas tardes. 부에나스 따르데스   안녕하세요.
- Buenas tardes. 부에나스 따르데스   안녕하세요.(오후)
- Buenas noches. 부에나스 노체스   안녕히 가세요. / 편히 쉬세요.
- Adiós, buenas noches. 아디오스 부에나스 노체스   안녕히 가세요.(밤 인사)
- Encantado. 엔깐따도   만나서 반가워요.
- Mucho gusto. 무초 구스또   만나서 반가워요.

Sevilla

1 주격 인칭대명사

주격 인칭대명사는 사용이 생략되는 경우가 많아요. 영어 *you*에 해당하는 형태가 두 개이며 지역에 따라 사용 양상이 다른데, usted은 보통 '당신'으로 해석하며 의미상으로는 2인칭이지만 3인칭 동사와 함께 써요. tú, vosotros/vosotras는 친근하거나 평등한 관계의 상대를, usted, ustedes는 친하지 않거나 정중하게 대해야 하는 상대를 지칭해요.

나	yo 요	우리들	nosotros, nosotras 노소뜨로스 노소뜨라스
너	tú 뚜	너희들	vosotros, vosotras 보소뜨로스 보소뜨라스
당신, 그, 그녀	usted, él, ella 우스뗏 엘 에야	당신들, 그들, 그녀들	ustedes, ellos, ellas 우스떼데스 에요스 에야스

 약자 usted(Ud.), ustedes(Uds.)로도 써요.

 이스빠노아메리카(라틴아메리카)에서는 vosotros/vosotras 대신 ustedes를 써요.

2 ser 동사 (~이다)

주어에 따라 동사의 형태가 달라요. 주로, 주어의 신분, 직업, 국적, 종교, 관계, 특징 등을 나타내요.

yo	soy 소이	nosotros/as	somos 소모스
tú	eres 에레스	vosotros/as	sois 소이스
usted, él, ella	es 에스	ustedes, ellos, ellas	son 손

- Soy estudiante. 소이 에스뚜디안떼 · 나는 학생이다. [신분]

- Él es mexicano. 엘 에스 메히까노 · 그는 멕시코인이다. [국적]

- Ellos son católicos. 에요스 손 까똘리꼬스 · 그들은 가톨릭 신자이다. [종교]

- Somos profesores de español. · 우리는 스페인어 교수들이다. [직업]
  소모스   쁘로페소레스 데 에스빠뇰

- **Alejandra es buena.** 알레한드라 에스 부에나   알레한드라는 착하다. [성격]

- **Ellas son altas.** 에야스 손 알따스   그녀들은 키가 크다. [특징]

- **Sois guapas.** 소이스 구아빠스   너희들은 예쁘다. [외모]

- **Pablo y Celia son amigos.**   파블로와 셀리아는 친구다. [사회적 관계]
  빠블로 이 쎌리아 손 아미고스

- **Alonso y yo somos hermanos.**   알론소와 나는 형제이다. [가족 관계]
  알론소 이 요 소모스 에르마노스

③ llamarse 동사 (이름이 ~이다)

두 개의 낱말로 구성되며 의문사 cómo('어떻게')와 함께 써서 이름을 물어봐요.

yo	me llamo 메 야모	nosotros/as	nos llamamos 노스 야마모스
tú	te llamas 떼 야마스	vosotros/as	os llamáis 오스 야마이스
usted, él, ella	se llama 세 야마	ustedes, ellos, ellas	se llaman 세 야만

- **¿Cómo se llama usted?**   당신은 성함이 어떻게 되십니까?
  꼬모 세 야마 우스뗏

- **Me llamo Carlos Fernández García.**   카를로스 페르난데스 가르시아라고 합니다.
  메 야모 까를로스 페르난데쓰 가르씨아

- **¿Cómo se llama tu padre?**   네 아버지는 성함이 어떻게 되시니?
  꼬모 세 야마 뚜 빠드레

- **Se llama Alberto Pérez Muñoz.**   알베르토 페레스 무뇨스라고 하십니다.
  세 야마 알베르또 뻬레쓰 무뇨쓰

- **¿Ella se llama Carmen?**   그 애는 이름이 카르멘이니?
  에야 세 야마 까르멘

- **No, no se llama Carmen. Se llama Celia.**   아니, 카르멘이라고 하지 않아. 셀리아라고 해.
  노 노 세 야마 까르멘 세 야마 쎌리아

- **¿La profesora se llama Susana Moreno?**   선생님은 성함이 수사나 모레노이시니?
  라 쁘로페소라 세 야마 수사나 모레노

- **¿Te llamas Víctor?**   네 이름이 빅토르니?
  떼 야마스 빅또르

4 의문문과 부정문

❶ 의문문

주어와 동사의 어순을 뒤바꿔도 되지만 평서문의 어순 그대로 억양을 높이면 의문문으로 기능하며, 글에서는 물음표를 첨가해요.

- ¿Usted es profesor? 또는 ¿Es usted profesor?　　당신은 선생님입니까?
  우스뗏 에스 쁘로페소르　　에스 우스뗏　프로페소르

의문사로 시작되는 의문문은 '의문사 + 동사 (+ 주어)'의 어순이 바뀌지 않아요.

- ¿Cómo se llama tu madre?　　네 어머니는 성함이 어떻게 되시니?
  꼬모　세　야마　뚜　마드레

❷ 부정문

no는 부정의 대답인 '아니오'를 뜻하는 동시에 부정문을 구성하는 영어 *not*에 해당하는 부사로서 반드시 동사 앞에 위치해요.

- ¿No eres Javier?　　너는 하비에르가 아니니?
  노 에레스 하비에르

- No, no soy Javier. Me llamo Jaime.　　아니, 나는 하비에르가 아니야. 나는 하이메라고 해.
  노　　노 소이 하비에르 메　야모　하이메

5 ¿verdad? 또는 ¿no?

문장 끝에 붙여서 말을 강조하거나 상대방의 동의를 구하거나 내용을 확인하는 역할을 해요.

- Eres estudiante de Corea, ¿verdad?　　너 한국 학생이지, **맞지**?
  에레스　에스뚜디안떼　데　꼬레아　　베르닷

- Eres coreana, ¿no?　　너 한국인이지, **아니야**?
  에레스　꼬레아나　　노

Granada

어휘 늘리GO!

🎧 Track 01-03

 다양한 인사 표현 말하기

안녕하세요.

아침 인사	A : Buenos días. 부에노스 디아스	B : Buenos días. 부에노스 디아스
오후 인사	A : Buenas tardes. 부에나스 따르데스	B : Buenas tardes. 부에나스 따르데스
밤 인사	A : Buenas noches. 부에나스 노체스	B : Buenas noches. 부에나스 노체스

💡 Hola(안녕)나 ¿Qué tal?(안녕) 등을 첨가할 수 있으며 다양하게 조합하여 주고받아요. 밤 인사의 경우 작별 인사로 사용되는 경우가 많아요.

잘 가요.

adiós나 hasta luego가 대표적이며, 다음 만남의 시기에 따라 hasta를 이용하여 다양하게 표현해요.

Adiós. 아디오스	잘 가요.
Hasta luego. 아스따 루에고	잘 가요.
Chao. 차오	잘 가요.

Hasta la próxima. 아스따 라 쁘록시마	다음에 봐요.
Hasta mañana. 아스따 마냐나	내일 봐요.
Hasta el martes. 아스따 엘 마르떼스	화요일에 봐요.

고맙습니다.

Gracias. 그라씨아스	고맙습니다.
Muchas gracias. 무차스 그라씨아스	대단히 감사합니다.

De nada. 데 나다	천만에요.

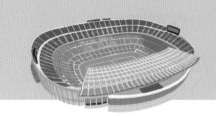

A 아래 그림의 말풍선에 들어갈 알맞은 주어를 써보세요.

1.  _____

2.  _____

3.  _____

4.  _____

B 각 동사형과 해당하는 주어를 짝지어보세요.

1. soy   •   • ① Pablo y yo

2. eres   •   • ② usted

3. es   •   • ③ Daun y ella

4. somos   •   • ④ Elena y tú

5. sois   •   • ⑤ yo

6. son   •   • ⑥ tú

C 녹음을 듣고 <보기>에서 적절한 표현을 골라 대답해 보세요.

> **보기**   Hola, buenas tardes. / Buenos días. / Hola, ¿qué tal? / Adiós, hasta luego.

1. _____

2. _____

3. _____

4. _____

D 빈칸에 알맞은 llamarse 동사의 형태를 써보세요.

1. Yo _____ Alberto.

2. ¿Usted _____ Alejandra Moreno?

3. ¿Él y tú _____ Pablo y José?

4. ¿(Tú) _____ Alfonso?

5. ¿Cómo _____ ellos?

E 다음 상황에 알맞은 인사말을 골라보세요.

1. 아침에 교실에 들어가며 친구들에게

   ① ¡Buenas tardes!   ② ¡Buenos días!   ③ ¡Buenas noches!

2. 아이스크림을 사주는 친구에게

   ① ¡Gracias!   ② ¡Adiós!   ③ ¡Buenas tardes!

3. 주무시기 위해 방에 들어가시는 부모님께

   ① ¡Hola!   ② ¡Mucho gusto!   ③ ¡Buenas noches!

4. 처음 뵌 친구의 아버지께

   ① ¡Hasta luego!   ② ¡Mucho gusto!   ③ ¡Muchas gracias!

정답

A **1.** yo **2.** usted **3.** nosotros **4.** ellos

B **1.** ⑤ **2.** ⑥ **3.** ② **4.** ① **5.** ④ **6.** ③

C **1.** Hola, ¿qué tal? **2.** Hola, buenas tardes. **3.** Buenos días. **4.** Adiós, hasta luego.

D **1.** me llamo **2.** se llama **3.** os llamáis **4.** te llamas **5.** se llaman

E **1.** ② **2.** ① **3.** ③ **4.** ②

스페인어권 세계 만나GO!

스페인의 자치 공동체(comunidad autónoma)

스페인은 지방 자치의 모범 사례로 손꼽히는 나라예요. 총 17개의 자치 공동체와 모로코 북단의 2개의 자치 도시 Ceuta쎄우따, Melilla멜리야로 구성되어 있어요. 지중해의 Baleares발레아레스 제도와 아프리카 대륙 북서쪽 대서양에 위치한 섬들인 Canarias까나리아스 제도도 독립적인 자치 공동체를 형성해요. 5개의 주요 섬들이 Islas Baleares를 구성하고, Islas Canarias는 7개의 주요한 섬으로 구성되어 있어요.

각 자치 공동체는 1개 이상의 지역으로 구성되며, 독립적으로 대표를 선출하고 정부와 입법, 사법 기관을 각기 운영해요.

면적으로는 Castilla y León까스띠야 이 레온이 가장 크고, 인구는 Andalucía안달루씨아가 가장 많다고 하며, 개인별 소득은 Cataluña까딸루냐가 가장 높아요. 동서남북 끝에 위치한 공동체의 이름을 안다면 스페인의 지리에 대한 이해를 쉽게 시작할 수 있어요.

¿De dónde eres?

Capítulo
02

¿De dónde eres?

너는 어디 사람이니?

▲ MP3 음원

02강

\ **학습 목표**

국적을 묻거나 말할 수 있다.
관사에 대해 이해하고 구분하여 사용
할 수 있다.

\ **공부할 내용**

국적 표현
관사
의문사 dónde와 qué

\ **주요 표현**

¿De dónde eres?
La profesora es española.
¿Qué es la paella?

◀ 마드리드에 위치한 시벨레스 분수. 명문
프로 축구팀 레알 마드리드가 챔피언이
되면 이 분수에서 승리를 만끽한다.

말문 틔GO!

💬 **Diálogo 1** 🎧 Track 02-01

스페인 음식이 국제적으로 유명해요.

Daun ¿Qué es la paella?
께 에스 라 빠에야

Luis Es un plato de arroz de España.
에스 운 쁠라또 데 아르-로쓰 데 에스빠냐

Daun ¿De dónde es la paella? ¿De Madrid?
데 돈데 에스 라 빠에야 데 마드릿

Luis No, originalmente es de Valencia.
노 오리히날멘떼 에스 데 발렌씨아

Daun El Chupa Chups también es de España, ¿no?
엘 추파 춥스 땀비엔 에스 데 에스빠냐 노

Luis Sí, y la famosa Zara también.
씨 이 라 파모사 싸라 땀비엔.

다운	파에야가 뭐야?
루이스	스페인의 쌀 요리야.
다운	파에야는 어디 거야? 마드리드?
루이스	아니야, 원래는 발렌시아에서 온 거야.
다운	츄파춥스도 역시 스페인이 원산지잖아, 안 그래?
루이스	그래, 그리고 그 유명한 자라도 그렇지.

qué 무엇이, 무엇을 **dónde** 어디에 **el/la/los/las** 정관사 **un/una/unos/unas** 부정관사
plato m. 요리, 접시 **arroz** m. 쌀 **originalmente** 원래, 처음에는 **también** ~도, ~역시
famoso/a 유명한

포인트 잡GO!

명사 앞에 사용하는 정관사와 부정관사는 명사의 성과 수에 형태를 일치시켜요.

핵심 배우GO!

Barcelona

1 국적이나 원산지 물어보기

- ¿De dónde es el coche de Elena?
  데 돈데 에스 엘 꼬체 데 엘레나

  엘레나의 자동차는 어느 나라에서 만든 거야?

- ¿De dónde es el chocolate?
  데 돈데 에스 엘 초꼴라떼

  그 초콜릿은 원산지가 어디입니까?

- ¿De dónde sois vosotras?
  데 돈데 소이스 보소뜨라스

  너희들은 어느 나라 사람이야?

- ¿De dónde son los tomates?
  데 돈데 손 로스 또마떼스

  그 토마토는 원산지가 어디입니까?

- ¿De dónde son las estudiantes?
  데 돈데 손 라스 에스뚜디안떼스

  그 학생들은 어느 나라 출신이니?

💡 영어 *from*에 해당하는 전치사 de가 장소를 묻는 dónde 앞에 배치되어 '(ser) de + 장소'의 구성을 동일하게 유지해야 해요.

2 국적이나 원산지 말하기

- Soy de Corea. 소이 데 꼬레아

  저는 한국 출신입니다.

- Soy español. 소이 에스빠뇰

  저는 스페인 사람입니다.

- Clara es de Francia. 끌라라 에스 데 프란씨아

  클라라는 프랑스 출신입니다.

- Ellos son de Inglaterra. 에요스 손 데 잉글라떼ㄹ-라

  그들은 영국 출신입니다.

- Son ingleses. 손 잉글레세스

  그들/그녀들은 영국인입니다.

- Mateo es de México. 마떼오 에스 데 메히꼬

  마테오는 멕시코 출신입니다.

- Es mexicano. 에스 메히까노

  그는 멕시코인입니다.

💡 Soy de Corea와 같은 국적이나 원산지 표현은 Soy coreano/a와 같이 지명형용사로 바꿔 쓸 수 있어요.

💬 Diálogo 2 🎧 Track 02-02

수빈이가 페레스 선생님께 유명인들의 출생 국가에 대해서 물어봐요.

Subin	¿Cristóbal Colón es español? 끄리스또발 꼴론 에스 에스빠뇰	**수빈**	크리스토퍼 콜럼버스는 스페인 사람인가요?
Profesora Pérez	No, no es español. Es italiano. 노 노 에스 에스빠뇰 에스 이딸리아노	**페레스 선생님**	아니요, 스페인 사람이 아니에요. 이탈리아인입니다.
Subin	¿De verdad? El escritor de *Don Quijote* 데 베르닷 엘 에스끄리또르 데 돈 끼호떼 es español, ¿no? 에스 에스빠뇰 노	**수빈**	정말요? '돈키호테'의 작가는 스페인 사람이죠, 아닌가요?
Profesora Pérez	Sí, Cervantes es de España. 씨 쎄르반떼스 에스 데 에스빠냐.	**페레스 선생님**	맞아요, 세르반테스는 스페인 출신이죠.
Subin	Pablo Picasso y Salvador Dalí también 빠블로 삐까소 이 살바도르 달리 땀비엔 son de España, ¿verdad? 손 데 에스빠냐 베르닷	**수빈**	파블로 피카소와 살바도르 달리도 스페인 출신이죠, 그렇지요?
Profesora Pérez	Sí, son unos pintores españoles muy 씨 손 우노스 삔또레스 에스빠뇰레스 무이 famosos. 파모소스	**페레스 선생님**	예, 아주 유명한 스페인의 화가들이에요.
Subin	¿Y Che Guevara? ¿De dónde es? 이 체 게바라 데 돈데 에스	**수빈**	그럼 체 게바라는요? 어디 사람인가요?
Profesora Pérez	Es de Argentina. 에스 데 아르헨띠나	**페레스 선생님**	아르헨티나 출신입니다.

 italiano/a m.f. 이탈리아인 m. 이탈리아어 **¿De verdad?** 정말? 진짜? **escritor(a)** m.f. 저술가, 작가
pintor(a) m.f. 화가

1 주어의 정체 묻거나 말하기

¿Qué es   ?
께 에스

· Es un perro.   강아지입니다.
에스 운 뻬르-로

¿Qué es ?
께 에스

· Es vino.   포도주입니다.
에스 비노

¿Qué son ?
께 손

· Son unos libros.   몇 권의 책입니다.
손 우노스 리브로스

💡 의문사 qué는 보통 주어가 사물이나 개념일 때 이 주어의 정체를 묻는데 사용해요.

2 형용사의 성과 수 올바르게 사용하기

· Sonia es guapa.   소니아는 예쁘다.
소니아 에스 구아빠

· El profesor alto se llama Daniel.   그 키 큰 선생님은 성함이 다니엘이시다.
엘 쁘로페소르 알또 세 야마 다니엘

· La chica guapa es de Corea.   그 예쁜 소녀는 한국 출신이다.
라 치까 구아빠 에스 데 꼬레아

💡 형용사는 보통 명사의 뒤에 위치하며 수식하는 명사나 주어에 성과 수의 형태를 일치시켜요.

3 muy로 형용사의 의미 강조하기

· El coche es muy pequeño.   그 자동차는 매우 작다.
엘 꼬체 에스 무이 뻬께뇨

· Los estudiantes son muy guapos.   그 학생들은 매우 잘생겼다.
로스 에스뚜디안떼스 손 무이 구아뽀스

· Elena y Subin son muy altas.   엘레나와 수빈은 무척 키가 크다.
엘레나 이 수빈 손 무이 알따스

💡 muy는 형용사나 부사 앞에서 이들을 수식하여 '무척, 굉장히'를 뜻하고 형태가 바뀌지 않아요.

문법 다지GO!

📍 Sevilla

1 국적 표현

국적 또는 사물의 원산지 등을 물을 때는 *from*에 해당하는 de가 의문사 dónde 앞에 위치해요. 이는 'de + 지명'의 구조가 의문문에서도 유지되기 때문이에요. 또한 'de + 지명'은 지명형용사로 대체될 수 있어요.

[국적 물어보기]	¿De dónde + ser 동사 (+ 주어)?

- ¿De dónde es Cristiano Ronaldo?　　　　크리스티아누 호날두는 어느 나라 사람이니?
  데　돈데　에스 끄리스띠아노 로날도

- ¿De dónde son los Simpsons?　　　　심슨 가족은 어느 나라 사람이니?
  데　돈데　손 로스　심슨즈

- ¿De dónde es la quesadilla?　　　　케사디야는 어디가 원산지니?
  데　돈데　에스 라 께사디야

[국적 말하기]	(주어 +) ser 동사 + de + 지명　또는　(주어 +) ser 동사 + 지명형용사

- Es de Portugal. Es portugués.　　　　포르투갈 출신이다. 포르투갈인이다.
  에스 데 뽀르뚜갈　에스　뽀르뚜게스

- Son de Estados Unidos. Son estadounidenses.　　미국 출신이다. 미국인들이다.
  손　데 에스따도스 우니도스　손　에스따도우니덴세스

- Es de México. Es mexicana.　　　　멕시코에서 유래했다. 멕시코의 것이다.
  에스 데 메히꼬 에스　메히까나

2 의문사 dónde와 qué

dónde(어디에)는 장소를, qué(무엇이, 무엇을)는 사물이나 개념의 정체를 묻는 의문사예요. 의문사는 동사 앞에 위치하여 '의문사 + 동사 (+ 주어)'의 어순으로 의문문을 구성해요.

- ¿De dónde son los estudiantes?　　　　그 학생들은 어느 나라 사람이니?
  데　돈데　손 로스 에스뚜디안떼스

- ¿Qué son los virus?　　　　바이러스가 무엇입니까?
  께　손 로스 비루스

- ¿Qué libro es?　　　　무슨 책이야?
  께　리브로 에스

③ 형용사의 위치

형용사는 보통 명사 뒤에서 이를 수식하며, 이 명사나 주어에 성과 수의 형태를 일치시켜요.

· Ellos son unos estudiantes altos.　　　그들은 키가 큰 학생들이다.
　에요스　손　우노스　에스뚜디안떼스　알또스

· Elena es una española muy alta.　　　엘레나는 무척 키가 큰 스페인 여성이다.
　엘레나　에스　우나　에스빠뇰라　무이　알따

④ 정관사와 부정관사

	정관사		부정관사	
	단수	복수	단수	복수
남성	el 엘 el libro 엘 리브로 el niño 엘 니뇨	los 로스 los libros 로스 리브로스 los niños 로스 니뇨스	un 운 un libro 운 리브로 un niño 운 니뇨	unos 우노스 unos libros 우노스 리브로스 unos niños 우노스 니뇨스
여성	la 라 la casa 라 까사 la niña 라 니냐	las 라스 las casas 라스 까사스 las niñas 라스 니냐스	una 우나 una casa 우나 까사 una niña 우나 니냐	unas 우나스 unas casas 우나스 까사스 unas niñas 우나스 니냐스

■ 정관사

❶ 명사 앞에 쓰여 이미 언급했거나 상황 상 알고 있는 존재임을 나타내요.

· El profesor se llama Minsu Kim.　　　선생님은 성함이 김민수이시다.
　엘　쁘로페소르　세　야마　민수　김

· La casa de Subin es muy bonita.　　　수빈의 집은 아주 예쁘다.
　라　까사　데　수빈　에스　무이　보니따

❷ 유일하거나 특정한 존재를 가리켜요.

· Buenos Aires es la capital de Argentina.　부에노스 아이레스는 아르헨티나의 수도다.
　부에노스　아이레스　에스　라　까삐딸　데　아르헨띠나

· El presidente se llama Pedro Fernández.　대통령은 이름이 페드로 페르난데스라고 한다.
　엘　쁘레시덴떼　세　야마　뻬드로　페르난데쓰

❸ 단수나 복수로 종류 전체, 일반화된 존재를 가리켜요.

· El tabaco es malo para la salud.
  엘 따바꼬 에스 말로 빠라 라 살룻

담배는 건강에 나쁘다.

· Los noruegos son altos.
  로스 노루에고스 손 알또스

노르웨이인들은 키가 크다.

■ 부정관사

❶ 명사 앞에 쓰여 어떤 부류나 종류의 일부임을 나타내요.

· Un profesor es de Guatemala.
  운 쁘로페소르 에스 데 구아떼말라

한 선생님은 과테말라 출신이시다.

· El melón es una fruta.
  엘 멜론 에스 우나 프루따

멜론은 과일의 일종이다.

❷ 수적인 뉘앙스가 강해서 하나 또는 여럿의 의미를 표현해요.

· Es un mango.
  에스 운 망고

망고 한 개다.

· Unas flores son rojas.
  우나스 플로레스 손 ㄹ-로하스

몇몇 꽃들은 빨간색이다.

Granada

♠ Track 02-03

 국명과 지명형용사

국명		지명형용사	
한국	Corea 꼬레아	(sur/nor) coreano/a (수르/노르) 꼬레아노/꼬레아나	
프랑스	Francia 프란씨아	francés/francesa 프란쎄스/프란쎄사	
포르투갈	Portugal 뽀르뚜갈	portugués/portuguesa 뽀르뚜게스/뽀르뚜게사	
영국	Inglaterra 잉글라떼ㄹ-라	inglés/inglesa 잉글레스/잉글레사	
이탈리아	Italia 이딸리아	italiano/a 이딸리아노/이딸리아나	
독일	Alemania 알레마니아	alemán/alemana 알레만/알레마나	
그리스	Grecia 그레씨아	griego/a 그리에고/그리에가	
브라질	Brasil 브라실	brasileño/a 브라실레뇨/브라실레냐	
러시아	Rusia ㄹ-루시아	ruso/a ㄹ-루소/ㄹ-루사	
미국	Estados Unidos 에스따도스 우니도스	estadounidense 에스따도우니덴세	
캐나다	Canadá 까나다	canadiense 까나디엔세	
중국	China 치나	chino/a 치노/치나	
일본	Japón 하뽄	japonés/japonesa 하뽀네스/하뽀네사	
호주	Australia 아우스뜨랄리아	australiano/a 아우스뜨랄리아노/아우스뜨랄리아나	
이라크	Iraq 이라크	iraquí 이라끼	
인도	India 인디아	indio/a 인디오/인디아	
우루과이	Uruguay 우루과이	uruguayo/a 우루과요/우루과야	
스페인	España 에스빠냐	español/española 에스빠뇰/에스빠뇰라	
멕시코	México 메히꼬	mexicano/a 메히까노/메히까나	
아르헨티나	Argentina 아르헨띠나	argentino/a 아르헨띠노/아르헨띠나	
베네수엘라	Venezuela 베네쑤엘라	venezolano/a 베세쏠라노/베세쏠라나	
페루	Perú 뻬루	peruano/a 뻬루아노/뻬루아나	
파라과이	Paraguay 파라과이	paraguayo/a 파라과요/파라과야	
볼리비아	Bolivia 볼리비아	boliviano/a 볼리비아노/볼리비아나	
쿠바	Cuba 꾸바	cubano/a 꾸바노/꾸바나	
칠레	Chile 칠레	chileno/a 칠레노/칠레나	

A ¿De dónde es? 알맞은 대답을 추측해 보세요.

1.

_____

2.

_____

3.

_____

4.

_____

B 빈칸에 알맞은 정관사를 써보세요.

1. _____ médico

2. _____ casa

3. _____ dependiente

4. _____ pantalones

5. _____ habitación

6. _____ coches

médico/a m.f. 의사   **dependiente/ta** m.f. 종업원   **pantalón** m. 바지
habitación f. 방   **coche** m. 자동차   **casa** f. 집

C 빈칸에 들어갈 말을 박스 안에서 골라 부정관사를 첨가하여 보기처럼 써보세요.

río	ciudad	deporte	país

> **보기**   ¿Qué es una rosa? <u>Es una flor</u>.

río m. 강   **ciudad** f. 도시   **deporte** m. 운동   **país** m. 국가

1. ¿Qué es Sevilla? Es _____.

2. ¿Qué es el fútbol? Es _____.

3. ¿Qué es Uruguay? Es _____.

4. ¿Qué es el Nilo? Es _____.

D 어떤 질문을 하는지 들어본 다음 알맞게 대답해 보세요.   🎧 Track 02-04

¿De dónde es tu padre?	¿De dónde eres?	¿Qué es el perro?	¿Qué eres?

1. _____

2. _____

3. _____

4. _____

E 빈칸에 알맞은 부정관사를 써보세요.

1. _____ profesores

2. _____ coreana

3. _____ paciente

4. _____ hotel

5. _____ hospitales

6. _____ información

7. _____ coche

8. _____ niña

paciente m.f. 환자

Spain

스페인어권 세계 만나GO!

Hispanoamérica의 국가들

아메리카 대륙에서 총 19개국이 스페인어를 (공동) 공용어로 사용하며, 이 지역만을 가리켜 Hispanoamérica이스빠노아메리까라고 불러요.

총면적으로는 Argentina, México, Perú, Colombia 순으로 크고, 인구는 México, Colombia, Argentina, Perú 순으로 많아요. GDP는 México, Argentina, Colombia, Venezuela 순으로 높다고 해요.

인구 밀도가 가장 높은 도시는 Ciudad de México, Buenos Aires, Lima, Bogotá 순이며, 원주민 인구의 비율은 Bolivia, Guatemala, Perú, Chile 순으로 높아요.

국가명	수도
Argentina	Buenos Aires
Bolivia	Sucre
Chile	Santiago
Colombia	Bogotá
Costa Rica	San José
Cuba	La Habana
República Dominicana	Santo Domingo
Ecuador	Quito
El Salvador	San Salvador
Guatemala	Ciudad de Guatemala
Honduras	Tegucigalpa
México	Ciudad de México
Nicaragua	Managua
Panamá	Ciudad de Panamá
Paraguay	Asunción
Perú	Lima
Puerto Rico	San Juan
Uruguay	Montevideo
Venezuela	Caracas

Hola, ¿cómo estás?

Capítulo
03

Hola, ¿cómo estás?

안녕, 어떻게 지내?

▲ MP3 음원

03강

학습 목표
주어의 신체와 기분 상태를 표현할 수 있다.
ser와 estar 동사의 차이를 이해한다.

공부할 내용
estar 동사
의문사 quién(es)
ser와 estar 동사 비교

주요 표현
¿Cómo estás?
¿Quién es ella?
Muchas gracias.

◀ 구엘 공원에서 바라본 바르셀로나 시내의 아침 전망이다.

📱 Diálogo 1 🎧 Track 03-01

다운이는 엘레나와 함께 스페인어 선생님에 대해서 이야기해요.

Daun	¡Hola, Elena! ¡Buenos días! 올라 엘레나 부에노스 디아스	**다운**	안녕 엘레나! 좋은 아침이야!
Elena	¡Hola, Daun! ¿Cómo estás? 올라 다운 꼬모 에스따스	**엘레나**	안녕, 다운. 어떻게 지내?
Daun	Estoy muy bien. ¿Y tú? 에스또이 무이 비엔 이 뚜	**다운**	나는 아주 잘 지내. 너는?
Elena	Bien, como siempre. 비엔 꼬모 시엠쁘레	**엘레나**	언제나 그렇듯이 잘 지내. 얘, 네 스페인어 선생님이 누구시지?
	Oye, ¿quién es tu profesora de español? 오예 끼엔 에스 뚜 쁘로페소라 데 에스빠뇰	**다운**	성함이 산드라 페레스라고 하셔.
Daun	Se llama Sandra Pérez. 세 야마 산드라 뻬레쓰	**엘레나**	어떠신데?
Elena	¿Cómo es? 꼬모 에스	**다운**	키가 크고 밤색 머리카락이셔. 그리고 무척 상냥하시지.
Daun	Es alta y morena, y es muy amable. 에스 알따 이 모레나 이 에스 무이 아마블레		

---

 bien 잘 **como siempre** 언제나 그렇듯이 **oye** 얘 (tú에 해당하는 상대를 부르는 말)
quién(es) 누가, 누구 **tu** 너의 **alto/a** 키가 큰 **moreno/a** adj. 짙은 색 머리카락의
amable 상냥한, 친절한

포인트 잡GO!

건강이나 기분 상태를 묻는 안부 인사는 estar 동사로 구성되므로 ser 동사와의 차이를 구분해야 해요.

Barcelona

핵심 배우GO!

① 주어의 특징을 묻거나 말하기

의문사 cómo와 ser 동사를 활용해 주어의 특징을 묻고 답할 수 있어요. 특히 ser 동사는 주어의 지속적이고 한결같은 특징이나 자질을 나타내요.

- ¿Cómo es Luis?
  꼬모 에스 루이스

  루이스는 어떻니?

- Es trabajador y guapo. Es muy bueno.
  에스 뜨라바하도르 이 구아뽀. 에스 무이 부에노

  성실하고 잘생겼어. 아주 착해.

- ¿Cómo es Seúl?
  꼬모 에스 세울

  서울은 어때?

- Es grande y es una ciudad moderna.
  에스 그란데 이 에스 우나 씨우닷   모데르나

  거대하고 현대적인 도시야.

- ¿Cómo son los padres de Teresa?
  꼬모   손 로스 빠드레스 데 떼레사

  테레사의 부모님은 어떠시니?

- Son muy generosos.
  손   무이   헤네로소스

  아주 관대하셔.

② 사람 주어의 정체 물어보기

사람 주어의 정체를 묻는 의문사 quién은 주어가 여럿일 경우 복수형인 quiénes로 형태를 바꿔 의문문을 구성해요.

- ¿Quién eres? 끼엔 에레스

  너는 누구니?

- Soy Daun Mun. 소이 다운 문

  나는 문다운이야.

- ¿Quién es Subin Kim? 끼엔 에스 수빈 김

  김수빈이 누구니?

- Es mi amiga coreana. 에스 미 아미가 꼬레아나

  내 한국인 친구야.

- ¿Quién es usted? 끼엔 에스 우스뗏

  당신은 누구십니까?

- Soy la profesora de español. 소이 라 쁘로페소라 데 에스빠뇰

  스페인어 선생님이에요.

📱 **Diálogo 2** 🎧 Track 03-02

페레스 선생님과 수빈은 다운에 대해 이야기해요.

Subin	**Buenas tardes, profesora.** 부에나스 따르데스 쁘로페소라 **¿Cómo está usted?** 꼬모 에스따 우스뗏
Profesora Pérez	**Hola, Subin. Estoy muy bien, gracias.** 올라 수빈 에스또이 무이 비엔 그라씨아스 **¿Y tú?** 이 뚜
Subin	**Bien también, gracias.** 비엔 땀비엔 그라씨아스
Profesora Pérez	**¿Cómo está Daun?** 꼬모 에스따 다운
Subin	**Está resfriado, pero no está mal.** 에스따 ㄹ-레스프리아도 뻬로 노 에스따 말
Profesora Pérez	**Muy bien. Bueno, Subin, hasta luego.** 무이 비엔 부에노 수빈 아스따 루에고
Subin	**Adiós, hasta luego.** 아디오스 아스따 루에고

수빈	안녕하세요, 선생님. 어떻게 지내세요?
페레스 선생님	안녕, 수빈. 아주 잘 지내요, 고마워요. 수빈이는요?
수빈	저 역시 잘 지내요. 고맙습니다.
페레스 선생님	다운이는 어떻게 지내요?
수빈	감기에 걸렸어요. 하지만 잘 못 지내지는 않아요.
페레스 선생님	아주 좋네요. 자, 수빈, 다음에 봐요.
수빈	안녕히 가세요.

 tarde f. 오후   **resfriado/a** 감기 걸린   **pero** 그러나   **mal** 나쁘게   **hasta luego** 안녕, 안녕히 가세요
adiós 안녕, 안녕히 가세요

 포인트 잡GO!

안부를 나타내는 표현은 특징을 나타내는 ser가 아니라 상태를 표현하는 estar 동사와 구성됨에 유의해야 해요.

Barcelona

1 안부 인사 주고받기

estar 동사를 이용한 정형화된 안부 인사는 정해진 구성과 순서를 따라서 인사를 주고받아요.

- ¿Cómo estás? 꼬모 에스따스   어떻게 지내니?

- Estoy bien, gracias. ¿Y tú? 에스또이 비엔 그라씨아스 이 뚜   나는 잘 지내, 고마워. 너는?

- Bien, gracias. 비엔 그라씨아스   잘 지내, 고마워.

- ¿Cómo está usted, doctor Kim?   김박사님, 어떻게 지내십니까?
  꼬모   에스따 우스뗏   독또르   김

- Estoy muy bien, gracias. ¿Y usted?   저는 아주 잘 지냅니다. 감사합니다. 당신은요?
  에스또이 무이   비엔   그라씨아스   이   우스뗏

- Yo también estoy bien, gracias.   저도 역시 잘 지내요. 고맙습니다.
  요   땀비엔   에스또이 비엔, 그라씨아스

2 건강이나 기분 상태를 묻거나 말하기

estar 동사는 일시적인 신체·정신·감정·기능 상태를 표현할 수 있어요.

- ¿Cómo está usted hoy?   오늘은 어떠세요?
  꼬모   에스따 우스뗏 오이

- No estoy bien. Estoy resfriado.   좋지는 않아요. 감기에 걸렸어요.
  노 에스또이 비엔   에스또이 ㄹ-레스프리아도

- ¿Cómo está la profesora?   선생님은 어떠시니?
  꼬모   에스따 라   쁘로페소라

- Hoy también está muy ocupada.   오늘도 역시 엄청 바쁘셔.
  오이   땀비엔   에스따 무이   오꾸빠다

3 동사에 따라서 의미가 달라지는 낱말 알아보기

동사에 따라서 의미가 달라지는 형용사들은 **문법 다지GO!** 에서 확인할 수 있어요.

- Pablo es muy malo. 빠블로 에스 무이 말로   파블로는 매우 못됐다.

- Pablo está muy malo. 빠블로 에스따 무이 말로   파블로는 매우 아프다.

문법 다지GO!

📍 Sevilla

1 estar 동사 (~한 상태이다)

주어에 따라 동사의 형태가 달라요. 안부 인사에 사용되며 정형화된 인사말에도 쓰여요. 또한 bien과 mal을 제외하고 형용사와 함께 쓰여 주어의 일시적인 건강이나 심리 상태, 기능 상태 등을 나타내요.

yo	estoy 에스또이	nosotros/as	estamos 에스따모스
tú	estás 에스따스	vosotros/as	estáis 에스따이스
usted, él, ella	está 에스따	ustedes, ellos, ellas	están 에스딴

- ¿Cómo estás? 꼬모 에스따스   어떻게 지내니?
- Bien, gracias. ¿Y tú? 비엔 그라씨아스 이 뚜   잘 지내, 고마워. 너는?
- Muy bien, gracias. 무이 비엔 그라씨아스   아주 잘 지내, 고마워.

- ¿Cómo estás ahora? 꼬모 에스따스 아오라   이제는 어때?
- Estoy mejor. 에스또이 메호르   훨씬 나아.

 부사인 bien과 mal은 estar 동사와 함께 안부 표현에 쓰여요.

- Estoy (muy) bien / mal. 에스또이 (무이) 비엔/말   나는 (매우) 잘 지내/ 잘 못 지내.
- Subin está muy guapa hoy. 수빈 에스따 무이 구아빠 오이   수빈이는 오늘 무척 예쁘다.

 guapo와 같은 형용사는 주어에 성과 수를 일치시켜야 해요.

2 의문사 quién(es)

사람 주어의 정체를 묻는 의문사로서 주어의 수에 따라 quién과 quiénes로 구분하여 사용해요.

- ¿Quién es ella?
  끼엔   에스 에야   그녀는 누구야?

- Es Elena Sánchez. Es mi amiga.
  에스 엘레나   산체쓰   에스 미   아미가   엘레나 산체스야. 내 친구야.

- ¿Quiénes son ellos?
  끼에네스   손   에요스   그들은 누구야?

- Son Luis y Daun. Son mis amigos.
  손 루이스 이   다운   손   미스   아미고스   루이스와 다운이야. 내 친구들이야.

3 Ser와 Estar 동사 비교

❶ ser

주어의 일반적이거나 지속적인 자질, 특징을 나타내며, 특히 주어의 이름, 직업, 출신지, 종교, 가족 관계나 사회적 관계 등을 표현해요.

- José es argentino.(국적) 호세 에스 아르헨띠노   호세는 아르헨티나인이다.

- José es profesor.(직업) 호세 에스 쁘로페소르   호세는 선생님이다.

- José es mi padre.(관계) 호세 에스 미 빠드레   호세는 내 아버님이시다.

- Begoña es alta.(특징) 베고냐 에스 알따   베고냐는 키가 크다.

- Begoña es colombiana.(국적) 베고냐 에스 꼴롬비아나   베고냐는 콜롬비아인이다.

- Begoña es médica.(직업) 베고냐 에스 메디까   베고냐는 의사이다.

- Begoña es mi amiga.(관계) 베고냐 에스 미 아미가   베고냐는 내 친구이다.

❷ estar

주어의 일시적인 신체·정신적 상태나 기능, 변화한 상태 등을 나타내요.

- José está cansado.(신체 상태) 호세 에스따 깐사도   호세는 피곤하다.

- Begoña está feliz.(기분 상태) 베고냐 에스따 펠리쓰   베고냐는 행복하다.

- El chocolate está caliente.(온도) 엘 초꼴라떼 에스따 깔리엔떼   초콜릿이 뜨겁다.

- El chocolate está frío.(온도) 엘 초꼴라떼 에스따 프리오   초콜릿이 차갑다.

4 동사에 따라 의미가 달라지는 형용사들

ser bueno/a estar bueno/a	착하다 건강하다, 매력적이다	ser malo/a estar malo/a	못됐다, 악독하다 아프다
ser viejo/a estar viejo/a	늙었다 낡았다	ser aburrido/a estar aburrido/a	지겹다, 재미없다 심심하다
ser rico/a estar rico/a	부유하다 맛있다	ser listo/a estar listo/a	똑똑하다 준비되다

- **Mi perro** es viejo.
  미 뻬르-로 에스 비에호

  내 강아지는 늙었다.

- **La bicicleta** está vieja.
  라   비씨끌레따 에스따 비에하

  그 자전거는 낡았다.

- **Catalina** es lista.
  까딸리나   에스 리스따

  카탈리나는 영리하다.

- **El niño** está listo.
  엘   니뇨 에스따 리스또

  그 아이는 준비가 되었다.

Granada

🎧 Track 03-03

 주어의 특징과 상태를 설명하는 형용사들

	[특징] ¿Cómo es ○○○?			[상태] ¿Cómo está ○○○?	
	alto/a 알또/알따	키 큰		bien 비엔	좋게
	bajo/a 바호/바하	키 작은		mal 말	나쁘게
	gordo/a 고르도/고르다	뚱뚱한		enfermo/a 엔페르모/엔페르마	아픈
	delgado/a 델가도/델가다	마른		cansado/a 깐사도/깐사다	피곤한
	aburrido/a 아부ㄹ-리도/아부ㄹ-리다	지겨운		aburrido/a 아부ㄹ-리도/아부ㄹ-리다	심심한
	joven 호벤	젊은		nervioso/a 네르비오소/네르비오사	긴장한
	mayor 마요르	나이가 든		contento/a 꼰뗀또/꼰뗀따	만족스러운
	guapo/a 구아쁘/구아빠	예쁜, 잘생긴		enfadado/a 엔파다도/엔파다다	화가 난
	bonito/a 보니또/보니따	예쁜, 귀여운		feliz 펠리쓰	행복한
	feo/a 페오/페아	못생긴		triste 뜨리스떼	슬픈
	bueno/a 부에노/부에나	착한		preocupado/a 쁘레오꾸빠도/쁘레오꾸빠다	걱정하는
Es	malo/a 말로/말라	못된	Está	enamorado/a 에나모라도/에나모라다	사랑에 빠진
	alegre 알레그레	쾌활한		resfriado/a ㄹ-레스프리아도/ㄹ-레스프리아다	감기 걸린
	amable, simpático/a 아마블레 심빠띠꼬/심빠띠까	상냥한		sorprendido/a 소르쁘렌디도/소르쁘렌디다	놀란
	listo/a 리스또/리스따	똑똑한		listo/a 리스또/리스따	준비가 된
	tímido/a 띠미도/띠미다	내성적인		harto/a 아르또/아르따	질린, 지긋지긋한
	inteligente 인뗄리헨떼	현명한		ocupado/a 오꾸빠도/오꾸빠다	바쁜
	trabajador/trabajadora 뜨라바하도르/뜨라바하도라	성실한		asustado/a 아수스따도/아수스따다	겁먹은
	divertido/a 디베르띠도/디베르띠다	재미있는		decepcionado/a 데쎕씨오나도/데쎕씨오나다	실망한
	tranquilo/a 뜨랑낄로/뜨랑낄라	평온한		motivado/a 모띠바도/모띠바다	동기부여되는

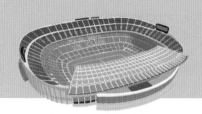

A 다음 어휘들을 연결하여 의미와 형태가 알맞은 문장을 만들어 보세요.

1. Tú • • son • • españoles
2. Subin • • estoy • • bien
3. Yo • • estás • • triste
4. Ustedes • • está • • contenta

1. Tú _____

2. Subin _____

3. Yo _____

4. Ustedes _____

triste 슬픈 **contento/a** 만족스러운

B 빈칸에 들어갈 철자를 알맞게 써서 문장을 완성해 보세요.

1. Subin, ¿est_____ bien?

2. Carlos y María son pequeñ_____.

3. Profesor, ¿est_____ usted cansad_____?

4. María y yo no est_____ enferm_____.

5. ¿Quién_____ s_____ Elena y Miguel?

pequeño/a 작은, 어린 **cansado/a** 피곤한 **enfermo/a** 아픈

C 다음 단어의 반대말을 써보세요.

1. guapa _____

2. bajo _____

3. delgado _____

4. vieja _____

5. triste _____

bajo/a 키 작은 **delgado/a** 마른 **viejo/a** 늙은, 낡은

D 다음 인사말을 듣고 알맞은 대답 표현을 써보세요. 🎧 Track 03-04

1. A : Hola, Pablo.

B : _____

2. A : Buenos días. ¿Cómo está usted?

B : _____

3. A : Hola, ¿cómo estás?

B : _____

4. A : Muchas gracias.

B : _____

E 빈칸에 ser와 estar 중 알맞은 동사를 활용하여 써보세요.

1. Álex _____ un amigo de Elena.

2. ¿De dónde _____ el coche negro?

3. ¿Quién _____ Julia? ¿La estudiante alta?

4. José _____ colombiano.

5. **A** : ¿Cómo _____ los padres de Sonia?

   B : Bien, muy bien.

amigo/a m.f. 친구   **negro/a** 검은색의   **coche** m. 자동차   **padre** m. 아버지 pl. 부모

정답

A 1. Tú estás bien/contenta/triste. **2.** Subin está triste/bien/contenta. **3.** Yo estoy contenta/bien/triste.
4. Ustedes son españoles.

B 1. (est)ás **2.** (pequeñ)os **3.** (est)á, (cansad)o **4.** (est)amos, (enferm)as **5.** (Quién)es, (s)on

C 1. fea **2.** alto **3.** gordo **4.** joven **5.** alegre

D 1. Hola. **2.** Bien, gracias. ¿Y usted? **3.** Bien. ¿Y tú? **4.** De nada.

E 1. es **2.** es **3.** es **4.** es **5.** están

스페인어권 세계 만나GO!

스페인어권 세계의 인사법 : Besos

처음 만났거나 이미 알고 있는 사람들 사이에서 뺨과 뺨을 마주 대는 beso(입맞춤)는 애정과 호감의 표시인 동시에 인사의 한 방식이에요.

보통 남녀 간이나 여성들 사이에서 뺨을 마주 대는 beso를 하지만 남성 간에는 악수가 일반적이라고 해요. 물론 가족 내에서는 남성들끼리도 뺨을 마주 대고 인사해요. 그러나 남아메리카에서는 가족이 아니더라도 남성들끼리 뺨을 마주 대는 나라가 있으므로 이에 대한 이해가 필요해요. 이 beso는 엄밀히 말하자면 입술이 아니라 뺨이 맞닿는 것이므로 '입맞춤'이라고 할 수 없지만 가족처럼 가까운 사이에서는 실제로 뺨에 입을 맞춰요. 처음 만나는 사이에서도 이러한 인사법이 동일하게 적용되므로 당황하지 않도록 사전 지식을 가지고 있는 것이 바람직하며, 이와 함께 hola, qué tal, buenos días, mucho gusto 등의 인사말을 곁들여요.

매우 일반적인 인사법이라고 하더라도 스페인과 이스빠노아메리카에서는 지역에 따라 횟수의 차이를 보이는데, 스페인에서는 오른쪽부터 시작하여 양쪽 뺨을 맞대는 두 번 입맞춤(dos besos)를 하며 이스빠노아메리카 대부분 지역에서는 오른쪽에만 한 번 입맞춤(un beso)를 해요.

물론 직장에 처음 출근을 했거나 형식적인 자리에서는 이를 악수로 대신하기도 하며, 가까운 사이에서의 전화 통화나 글에서는 mua, mua라는 의성어로 뺨을 마주 대는 besos의 행동을 표현하는 경우도 찾아볼 수 있어요.

Este es mi hermano.

Capítulo
04

Este es mi hermano.

이 애는 내 동생이야.

▲ MP3 음원

04강

╲ 학습 목표
원근 관계와 소유 관계를 표현할 수 있다.
소유자를 묻거나 말할 수 있다.

╲ 공부할 내용
지시사
의문사 cuál(es)
소유사 전치형
소유자 묻고 답하기

╲ 주요 표현
Este es mi hermano.
¿Cuál es tu hermano?
¿De quién es?

◀ 마드리드의 대표적인 쇼핑거리인
그랑 비아의 탁 트인 전망이다.

말문트GO!

💬 Diálogo 1 🎧 Track 04-01

누구인지 물어보는 알렉스의 질문에 루이스가 대답해요.

Álex ¿Quién es esa chica rubia?
끼엔 에스 에사 치까 루비아

Luis ¿La chica alta? Es Elena, mi amiga.
라 치까 알따 에스 엘레나 미 아미가

Álex ¿Y ese chico delgado?
이 에세 치꼬 델가도

Luis Es su hermano. Sus hermanos también
에스 수 에르마노 수스 에르마노스 땀비엔

son estudiantes de esta universidad.
손 에스뚜디안떼스 데 에스따 우니베르시닷

Álex Ah, ¿sí? Mira, ¿quiénes son aquellos
아 씨 미라 끼에네스 손 아께요스

chicos junto a la ventana?
치꼬스 훈또 아 라 벤따나

Luis Son Daun y Subin.
손 다운 이 수빈

Álex ¿Cuál de ellos es Subin? ¿El chico?
꾸알 데 에요스 에스 수빈 엘 치꼬

Luis No, Subin es la chica.
노 수빈 에스 라 치까

알렉스 그 금발 여자애는 누구야?

루이스 그 키 큰 애? 엘레나야, 내 친구.

알렉스 그럼 그 마른 청년은?

루이스 그녀의 오빠. 그녀의 형제들도 역시 이 대학교의 학생이야.

알렉스 아, 그래? 저기 봐, 창문 옆에 저 애들은 누구야?

루이스 다운과 수빈이야.

알렉스 그들 중에 어떤 애가 수빈이야? 남자?

루이스 아니, 수빈은 여자애야.

👉 **chico/a** m.f. 소년, 소녀 **ese/a** 그, 그 사람, 그것 **rubio/a** 금발의 **amigo/a** m.f. 친구
delgado/a 마른 **hermano/a** m.f. 형제, 자매 **este/a** 이, 이 사람, 이것 **universidad** f. 대학교
mira 이봐, 저기 **aquel/aquella** 저, 저 사람, 저것 **junto a** ~ 옆에 **ventana** f. 창문
cuál(es) 어느, 어느 사람, 어느 것

핵심 배우GO!

Barcelona

1 가깝거나 멀리 있는 존재 가리키기

· **Este** libro es interesante.
에스떼 리브로 에스 인떼레산떼

이 책은 흥미롭다.

· **Esa** casa es bonita.
에사 까사 에스 보니따

그 집은 예쁘다.

· **Aquella** española es amable.
아께야   에스빠뇰라 에스 아마블레

저 스페인 여성은 상냥하다.

· Tus mochilas son **estas**.
뚜스   모칠라스   손   에스따스

네 배낭들은 이것들이다.

· Mis libros son **esos**.
미스 리브로스 손   에소스

내 책들은 그것들이다.

· Tus faldas son **aquellas**.
뚜스 팔다스   손   아께야스

네 치마들은 저것들이다

💡 원근 관계를 나타내며 보통 명사 앞이나 단독으로 써요. 수식하는 말에 성과 수를 일치시켜서 말해요.

2 소유 관계 말해보기

· **Mi** coche es rojo.
미   꼬체   에스 ㄹ-로호

나의 자동차는 빨간색이다.

· **Tu** coche es rojo.
뚜   꼬체   에스 ㄹ-로호

너의 자동차는 빨간색이다.

· **Su** coche es rojo.
수   꼬체   에스 ㄹ-로호

당신/그/그녀/당신들/그들
/그녀들의 자동차는 빨간색이다.

· Aquellas chicas son **mis** amigas.
아께야스   치까스   손   미스 아미가스

저 소녀들은 나의 친구들이다.

· Aquellas chicas son **sus** amigas.
아께야스   치까스   손   수스 아미가스

저 소녀들은 당신/그/그녀/당신들/그들
/그녀들의 친구들이다.

· Aquellas chicas son **nuestras** amigas.
아께야스   치까스   손   누에스뜨라스 아미가스

저 소녀들은 우리들의 친구들이다.

💡 이 유형의 소유사는 명사 앞에 사용하며 수식하는 명사에 성과 수를 일치해요.

말문 트GO!

Madrid

💬 Diálogo 2 🎧 Track 04-02

루이스는 수빈이에게 알렉스를 소개시켜줘요.

Luis Subin, este es mi hermano Álex.
수빈 　에스떼 에스 미 　에르마노 　알렉스

Subin Hola, Álex. Me llamo Subin Kim.
올라 　알렉스 　메 　야모 　수빈 　김

Álex Yo soy Álex. Mucho gusto, Subin.
요 　소이 　알렉스 　무초 　구스또 　수빈

Luis ¿Qué es esto en la mesa? ¿Un turrón?
께 에스 에스또 엔 라 메사 　운 뚜론

¿De quién es?
데 　끼엔 에스

Álex Es de Subin. Es mi regalo para ella.
에스 데 　수빈 　에스 미 르-레갈로 빠라 에야

Es de nuestro pueblo.
에스 데 　누에스뜨로 뿌에블로

Subin ¡Qué amable eres! Muchas gracias.
께 　아마블레 에레스 　무차스 　그라씨아스

루이스	수빈, 이 애는 내 동생인 알렉스야.
수빈	안녕, 알렉스. 나는 김수빈이라고 해.
알렉스	나는 알렉스야. 만나서 반갑다, 수빈.
루이스	탁자에 이건 뭐지? 투론인가? 누구 거지?
알렉스	수빈이거야. 그녀를 위한 내 선물이 거든. 우리 고향 거야.
수빈	너 무척 상냥하네! 정말 고마워.

mi 나의 　**esto** 이것 (중성형)　**en** ~에　**mesa** f. 탁자　**turrón** m. 투론(전통 과자)　**regalo** m. 선물
para ~을/를 위하여　**nuestro/a** 우리들의　**pueblo** m. 고향, 마을

포인트 잡GO!

의문사 cuál(es)은 여럿 중 '어느 사람/것'이냐를 물어볼 때 사용하며, 단수형과 복수형이 있어요.

핵심 배우GO!

Barcelona

1 소유자를 묻거나 말해보기

소유자를 묻는 질문에서 quién은 보통 단수 형태로 쓰며, 소유자를 나타내는 'de + 사람'과 동일한 구조의 'de + quién'으로 질문을 시작해요.

- ¿De quién es **este reloj?**
  데 끼엔 에스 에스떼 ㄹ-렐로흐

  이 시계는 누구의 것이니?

- Es mi reloj.
  에스 미 ㄹ-렐로흐

  내 시계야.

- ¿De quién es **esta mochila?**
  데 끼엔 에스 에스따 모칠라

  이 배낭은 누구의 것이니?

- Es de Elena.
  에스 데 엘레나

  엘레나의 것이야.

- ¿De quién son **estas mochilas?**
  데 끼엔 손 에스따스 모칠라스

  이 배낭들은 누구의 것이니?

- Son de Elena.
  손 데 엘레나

  엘레나의 것이야.

2 어느 사람/ 어느 것인지 물어보기

cuál(es)은 집단 중에서 '어떤 사람' 또는 '어떤 것'인지 묻는 의문사이며, 선택 대상이 단수냐 복수냐에 따라 cuál과 cuáles로 구분해서 써요.

- ¿Cuál de aquellos chicos es tu hermano?
  꾸알 데 아께요스 치꼬스 에스 뚜 에르마노

  저 청년들 중에서 어떤 사람이 네 동생이야?

- Es el chico rubio.
  에스 엘 치꼬 ㄹ-루비오

  금발머리 청년이야.

- ¿Cuáles son sus hermanos?
  꾸알레스 손 수스 에르마노스

  그의 동생들은 어떤 사람들이야?

- Son aquellos chicos altos.
  손 아께요스 치꼬스 알또스

  저 키 큰 청년들이야.

- ¿Cuáles de estas son tus camisas?
  꾸알레스 데 에스따스 손 뚜스 까미사스

  이것들 중에서 어떤 것들이 네 셔츠니?

- Mis camisas son esas rojas.
  미스 까미사스 손 에사스 ㄹ-로하스

  내 셔츠는 그 빨간 것들이야.

1 지시사

남성과 여성, 단수와 복수로 구분하여 쓰고, 중성대명사가 있어요.

	단수		복수		중성대명사
	남성	**여성**	**남성**	**여성**	
이/이것/이 사람	este 에스떼	esta 에스따	estos 에스또스	estas 에스따스	esto 에스또
그/그것/그 사람	ese 에세	esa 에사	esos 에소스	esas 에사스	eso 에소
저/저것/저 사람	aquel 아껠	aquella 아께야	aquellos 아께요스	aquellas 아께야스	aquello 아께요

① 원근 관계에 따라 사람이나 사물 등을 가리킬 때 사용하며 가리키는 명사에 성과 수를 일치시켜요.

· este libro 이 책   · esas mesas 그 탁자들   · aquellos coches 저 자동차들
  에스떼 리브로   에사스 메사스   아께요스 꼬체스

② 명사를 수식하거나 독립적으로 사용할 수 있어요.

· Estas flores / Estas son para Elena.   이 꽃들/ 이것들은 엘레나를 위한 것이다.
  에스따스 플로레스 / 에스따스 손 빠라 엘레나

③ 중성대명사는 성·수에 따라 형태가 바뀌지 않으며 항상 명사 없이 단독으로 써요. 일반적으로 모르는
대상이나 앞에서 말한 내용 전체, 추상적 개념 등을 가리킬 때 사용해요.

· ¿Qué es eso?   그것은 뭐니?
   께 에스 에소

· Eso es todo.   그것이 전부이다.
  에소 에스 또도

2 의문사 cuál(es)

'어떤 사람, 어느 것'을 뜻하며, qué와 달리 특정 집단 중의 어떤 것이나 어떤 사람의 정체를 물어볼 때 사용
해요. 그 대상이 단수면 cuál을, 복수면 cuáles를 써요.

---

cuál(es) + de + 집단 + 동사   또는   cuál(es) + 동사

- ¿Cuál es tu libro?
  꾸알 에스 뚜 리브로

  어느 것이 네 책이니?

- ¿Cuáles son tus padres?
  꾸알레스 손 뚜스 빠드레스

  어느 분이 네 부모님이시니?

- ¿Cuáles de aquellos señores son tus padres?
  꾸알레스 데 아께요스 세뇨레스 손 뚜스 빠드레스

  저분들 중에서 어느 분이 네 부모님이시니?

③ este/a를 이용한 소개법

- Este es mi estudiante Álex.
  에스떼 에스 미 에스뚜디안떼 알렉스

  이 사람은 내 학생인 알렉스예요.

- Estos son mis amigos Ana y Miguel.
  에스또스 손 미스 아미고스 아나 이 미겔

  이 애들은 내 친구인 아나와 미겔이야.

- Estos señores son mis padres.
  에스또스 세뇨레스 손 미스 빠드레스

  이 분들은 우리 부모님이세요.

④ 소유사 전치형

	단수		복수	
	남성	여성	남성	여성
나의	mi 미 mi hijo, mi hija 미 이호 미 이하		mis 미스 mis hijos, mis hijas 미스 이호스 미스 이하스	
너의	tu 뚜 tu hijo, tu hija 뚜 이호 뚜 이하		tus 뚜스 tus hijos, tus hijas 뚜스 이호스 뚜스 이하스	
당신/그/그녀의	su 수 su hijo, su hija 수 이호 수 이하		sus 수스 sus hijos, sus hijas 수스 이호스 수스 이하스	
우리들의	nuestro 누에스뜨로 nuestro hijo 누에스뜨로 이호	nuestra 누에스뜨라 nuestra hija 누에스뜨라 이하	nuestros 누에스뜨로스 nuestros hijos 누에스뜨로스 이호스	nuestra 누에스뜨라스 nuestras hijas 누에스뜨라스 이하스
너희들의	vuestro 부에스뜨로 vuestro hijo 부에스뜨로 이호	vuestra 부에스뜨라 vuestra hija 부에스뜨라 이하	vuestros 부에스뜨로스 vuestros hijos 부에스뜨로스 이호스	vuestra 부에스뜨라 vuestras hijas 부에스뜨라스 이하스
당신들/그들/ 그녀들의	su 수 su hijo, su hija 수 이호 수 이하		sus 수스 sus hijos, sus hijas 수스 이호스 수스 이하스	

❶ 명사 앞에 위치하여 소유 관계를 나타내며, 관사와 함께 쓰지 않아요.

· Mi nombre es Luis.
　미　놈브레　에스 루이스

내 이름은 루이스이다.

· Sus hermanos son estudiantes.
　수스　에르마노스　손　에스뚜디안떼스

그의 형제들은 학생이다.

· Álex es tu estudiante.
　알렉스 에스 뚜 에스뚜디안떼

알렉스는 너의 학생이다.

❷ 이들은 수식하는 명사가 단수인지 복수인지에 따라 형태가 결정되어요.

· Su madre es japonesa.
　수　마드레 에스　하뽀네사

그들의 어머니는 일본인이다.

· Sus libros son difíciles.
　수스 리브로스　손　디피씰레스

그의 책들은 어렵다.

· Esta es su mesa.
　에스따 에스 수　메사

이것은 그녀의 탁자이다.

❸ mi, tu, su는 단수와 복수형만 있으며, nuestro/a/os/as, vuestro/a/os/as는 수식하는 명사의 성과 수에 형태를 일치시켜요.

· Nuestros zapatos son negros.
　누에스뜨로스　싸빠또스　손　네그로스

우리들의 구두는 검은색이다.

· Estos son vuestros perros?
　에스또스　손　부에스뜨로스 뻬르-로스

이 애들이 너희의 강아지들이니?

· ¿Esta es vuestra casa?
　에스따 에스 부에스뜨라 까사

이것이 너희들의 집이니?

5 소유자를 묻거나 말하기

· ¿De quién es el café? 데 끼엔 에스 엘 까페

그 커피는 누구 거니?

· Es de Subin. Es su café. 에스 데 수빈 에스 수 까페

수빈이 거야. 그녀의 커피야.

· ¿De quién son estos libros? 데 끼엔 손 에스또스 리브로스

이 책들은 누구 거니?

· Son de Luis. Son sus libros. 손 데 루이스 손 수스 리브로스

루이스의 거야. 그의 책들이야.

 Granada

🎧 Track 04-03

⭐ 가족 관계를 가리키는 명칭

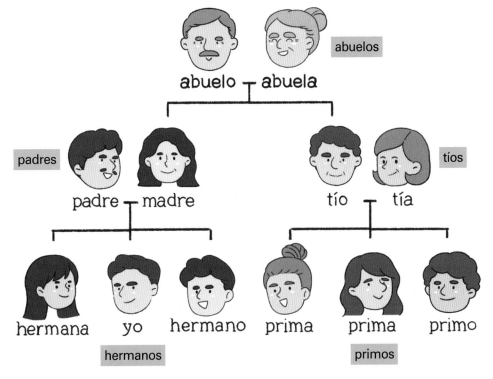

abuelo/a 할아버지, 할머니
아부엘로/아부엘라

padre/madre 아버지, 어머니 (= papá / mamá)
빠드레/마드레   빠빠 / 마마

hijo/a 아들, 딸
이호/이하

hermano/a 형제, 자매
에르마노/에르마나

nieto/a 손자, 손녀
니에또/니에따

tío/a 나와 3촌 관계의 남녀(삼촌, 고모 등)
띠오/띠아

marido/mujer 남편, 부인 (= esposo/a)
마리도/무헤르   에스뽀소 / 에스뽀사

abuelos 조부모
아부엘로스

padres, papás 부모
빠드레스   빠빠스

hijos 자녀
이호스

hermanos 형제들
에르마노스

sobrino/a 조카
소브리노/소브리나

primo/a 사촌
쁘리모/쁘리마

※ 남녀를 통칭할 때는 남성 복수형을 사용해요.

실력 높이 GO!

📍 Ibiza

A 빈칸에 들어갈 알맞은 지시사를 써보세요.

1. _____ gato

2. _____ gato

3. _____ gato

4. _____ gatos

B <보기>처럼 여성 단수형과 여성 복수형의 문장으로 바꿔 써보세요.

> **보기**
>
> Ese señor es mi tío. → Esa señora es mi tía.
>
> → Esas señoras son mis tías.

1. Este estudiante es inglés.

여성 단수형 → _____

여성 복수형 → _____

2. Ese niño es muy bueno.

여성 단수형 → _____

여성 복수형 → _____

3. Aquel hombre es mi amigo.

여성 단수형 → _____

여성 복수형 → _____

C 빈칸에 qué나 cuál(es)을 알맞게 써보세요.

1. A : ¿ _____ de estos es tu libro?

B : El libro de historia.

2. A : ¿ _____ es la vida?

B : ¡Qué pregunta!

3. A : ¿ _____ es tu escritor favorito?

B : Cervantes.

4. A : ¿ _____ es el turrón?

B : Es un dulce de España.

historia f. 역사 **vida** f. 삶, 생명 **pregunta** f. 질문 **escritor(a)** m.f. 작가

D Ian의 이야기를 듣고, 질문에 대답해 보세요. 🎧 Track 04-04

1. ¿Quién es José?

Es _____

2. ¿Quién es Clara?

Es _____

3. ¿Cómo se llaman sus hermanos?

Se llaman _____

4. ¿Quién es Francisco?

Es _____

E   <보기>처럼 빈칸에 들어갈 알맞은 말을 써보세요.

> **보기**   (tú) <u>tu</u> casa

1. (vosotros) _____ profesor

2. (usted) _____ estudiantes

3. (yo) _____ padres

4. (tú y yo) _____ libros

5. (Elena) _____ amigos

정답

A   **1.** este   **2.** ese   **3.** aquel   **4.** esos

B   **1.** Esta estudiante es inglesa. Estas estudiantes son inglesas.
     2. Esa niña es muy buena. Esas niñas son muy buenas.
     3. Aquella mujer es mi amiga. Aquellas mujeres son mis amigas.

C   **1.** Cuál   **2.** Qué   **3.** Cuál   **4.** Qué

D   **1.** Es su padre.   **2.** Es su madre.   **3.** Se llaman Gabriel y Vanesa.   **4.** Es su primo.

E   **1.** vuestro   **2.** sus   **3.** mis   **4.** nuestros   **5.** sus

스페인어권 세계 만나GO!

Spain

스페인의 유네스코 세계문화유산

알암브라 궁전과 헤네랄리페 정원

코르도바의 모스크-대성당

1984년부터 유네스코 세계문화유산과 세계자연유산의 명단에 스페인의 '보물'들이 등재되기 시작했는데, 그라나다의 La Alhambra라 알암브라 궁전과 Generalife헤네랄리페 정원, 부르고스의 대성당, 코르도바의 Mezquita-Catedral(모스크-대성당), 마드리드의 El Escorial엘에스꼬리알 수도원, 바르셀로나의 Parque Güell(구엘 공원), Palacio Güell(구엘 저택), Casa Milà(카사 밀라)가 최초였어요. 그라나다의 La Alhambra라 알암브라 궁전은 스페인의 최후 이슬람 세력이 13~15세기 동안 건설한 궁전이자 성채이며, 이 공간에 방대하고 아름다운 정원인 Generalife또한 남겼어요. 코르도바의 Mezquita-Catedral 또한 이슬람의 유산으로, 8~10세기 동안 건축되었고, 이후 13C부터 성당으로 이용되었어요. 마드리드 근교에 위치한 El Escorial 수도원은 16세기에 건설되어 성당이자 수도원, 왕가의 납골당, 학교의 역할을 수행하고 있어요.

엘 에스코리알 수도원

구엘 공원

카사 밀라

마지막으로, 세계적으로 독보적인 건축가 Antoni Gaudí(1852~1926)가 남긴 대표적인 건축물인 Parque Güell, Palacio Güell, Casa Milà가 그의 작품들 중 먼저 인류문화유산으로 등재되었어요.

2023년 현재 스페인은 문화유산 44개, 자연유산 4개, 혼합유산 2개로 세계에서 세 번째로 많은 세계유산을 보유하고 있어요. 19개의 무형문화유산은 세계에서 가장 많은 수를 자랑하며, 아울러 11개의 유네스코 세계기록유산 또한 보유하고 있어요.

¿Dónde está
mi chaqueta azul?

Capítulo
05

¿Dónde está
mi chaqueta azul?

내 파란색 자켓이 어디 있지?

▲ MP3 음원

05강

↘ **학습 목표**
위치를 표현할 수 있다.
숫자를 사용할 수 있다.

↘ **공부할 내용**
hay와 estar 동사
의문사 cuánto/a/os/as
위치 표현
0~30

↘ **주요 표현**
Hay dos librerías.
Las librerías están cerca.
¿Cuántos libros hay?

◀ 마드리드에 위치한 알무데나 대성당.
1950년 마드리드 왕궁에 맞추어 바로크
양식으로 설계되어 1993년에 완공했다.

말문 티GO!

 Diálogo 1 🎧 Track 05-01

다운이는 엘레나에게 서점 위치를 물어보아요.

Daun	Elena, ¿dónde hay una librería?
Elena	Hay una en la calle Plata. Es muy grande.
Daun	¿Hay una farmacia en esa calle?
Elena	Sí, hay una al lado de la librería. También hay muchas tiendas.
Subin	¿Hay una estación de metro cerca?
Elena	Claro, al final de la calle. Hay paradas de autobús también. Es una calle muy transitada.

다운　엘레나, 서점이 어디 있어?

엘레나　플라타 거리에 하나 있어. 엄청 커.

다운　그 거리에 약국이 있어?

엘레나　응, 그 서점 옆에 하나 있어. 많은 상점들 또한 있지.

수빈　근처에 지하철역은 있고?

엘레나　물론이야, 거리 끝에 있어. 버스 정류장들도 있어. 매우 번화한 거리야.

---

librería f. 서점　**calle** f. 거리, 길　**grande** 큰　**farmacia** f. 약국　**al lado de** ~ ~ 옆에
tienda f. 상점　**estación** f. 역, 계절　**del** de + el　**al** a + el　**metro** m. 지하철
cerca 근처에, 가까이에　**claro** 물론이야　**al final de** ~ ~ 끝에　**parada** f. 정류장
autobús m. 버스　**transitado/a** 번화한, 사람들이 많이 다니는

 포인트 잡GO!

hay 동사는 형태가 변화하지 않으며 주어처럼 보이는 명사(구)가 동사 뒤에 배치되어요.

핵심 배우GO!

① 특정하지 않은 사람이나 사물의 존재나 위치 말하기

hay 동사는 특정한 명사나 명사구와는 함께 사용될 수 없음에 유의하며 말해보세요.

· Hay agua en esta mesa.	이 탁자에 물이 있다.
· Hay un libro de español.	스페인어책 한 권이 있다.
· Hay dos gatos en la calle.	거리에 고양이 두 마리가 있다.
· ¿Hay muchos estudiantes en la clase?	교실에 많은 학생들이 있니?
· No hay estudiantes en la clase.	교실에 학생들이 없다.

② 위치 표현하기

❶ en ~에
· Hay muchos edificios en Seúl.	서울에는 많은 건물들이 있다.
· En la mesa hay un teléfono.	탁자에 전화기가 있다.

❷ al lado (de ~) (~)옆에
· Hay un restaurante chino al lado.	옆에 중식당이 있다.
· Hay un restaurante chino al lado del bar.	그 바 옆에 중식당이 있다.

❸ cerca (de ~) (~)근처에
· Hay una parada de autobús cerca.	근처에 버스 정류장이 있다.
· Hay una parada de autobús cerca de aquí.	여기 근처에 버스 정류장이 있다.

💡 al lado, cerca, al final 등의 위치 표현 다음에 명사를 사용하려면 de로 연결해야만 해요.

Madrid

말문 터GO!

Diálogo 2 🎧 Track 05-02

루이스는 알렉스에게 전화를 걸어요.

Luis	¿Dónde estás?
Álex	Estoy en el bar con mis amigos. ¿Por qué?
Luis	¿Dónde está mi chaqueta azul?
Álex	Encima de la mesa del salón.
Luis	Ah, sí. Oye, hay unas piezas de tu puzle aquí en la cocina.
Álex	¿Por qué están allí? ¿Cuántas hay?
Luis	Unas veinte. Están en el cajón, ¿vale?
Álex	Gracias.

루이스 너 어디 있니?

알렉스 친구들과 바에 있어. 왜?

루이스 내 파란색 재킷 어디 있어?

알렉스 거실 탁자 위에.

루이스 아, 그렇군. 어이, 네 퍼즐 조각 몇 개가 여기 주방에 있어.

알렉스 왜 거기 있지? 몇 개나 있는데?

루이스 한 스무 개. 서랍에 있어, 알았지?

알렉스 고마워.

---

bar m. 바 **con** ~과/와 함께 **por qué** 왜 **chaqueta** f. 재킷 **azul** m. 파란색 adj. 파란색의
encima de ~ ~ 위에 **salón** m. 거실 **pieza** f. 조각 **puzle** m. 퍼즐 **cocina** f. 주방, 부엌
aquí 여기 **allí** 저기, 거기 **cuánto/a** 얼마나, 얼마나 많은 **veinte** 20 **cajón** m. 서랍
¿vale? 알았지? OK?

 포인트 잡GO!

estar 동사는 주어의 상태를 나타내는 기능과 함께 구체적인 주어의 위치를 나타내는 역할도 해요.

Barcelona

① 특정한 사람이나 사물의 위치 말해보기

위치를 나타내는 estar 동사는 구체적이고 특정한 주어와 함께 써요.

- ¿Estás en casa?   너 집에 있니?

- ¿Dónde está usted?   당신은 어디에 계십니까?

- Elena no está en el parque.   엘레나는 공원에 없다.

- No estamos en la farmacia.   우리는 약국에 있지 않다.

- ¿Sus padres están en casa?   그의 부모님은 댁에 계십니까?

② 이유 물어보기

이유를 묻는 의문사 por qué는 두 낱말로 구성되어요.

- ¿Por qué estás en casa?   왜 너 집에 있어?

- ¿Por qué están tan alegres?   왜 그들은 그렇게 즐거워해?

- ¿Por qué no hay dinero en la mesa?   왜 돈이 탁자에 없지?

③ 수량 물어보기

수량을 묻는 의문사 cuánto/a/os/as는 가리키는 대상의 성과 수에 따라 형태를 일치시켜요.

- ¿Cuánto es todo?   모두 얼마예요?

- ¿Cuánta gente hay en la plaza?   광장에 얼마나 많은 사람들이 있나요?

- ¿Cuántos libros hay en la mesa?   탁자에 몇 권의 책이 있나요?

💡 estar 동사형은 3과 참고.

문법 다지GO!

1 위치를 나타내는 표현들

- **arriba** 위로
- **cerca** 가까이
- **fuera de** ~ 밖에
- **aquí** 여기
- **sobre** ~ 위에

- **abajo** 아래쪽으로
- **lejos** 멀리
- **dentro de** ~안에
- **ahí** 거기
- **debajo de** ~ 아래에

- **allí** 저기
- **encima de** ~ 위에

- El perro está al lado de la caja.
  강아지가 상자의 옆에 있다.

- El perro está fuera de la caja.
  강아지가 상자의 바깥에 있다.

- El perro está dentro de la caja.
  강아지가 상자의 안에 있다.

- El perro está encima de la caja.
  강아지가 상자 위에 있다.

- El perro está debajo de la caja.
  강아지가 상자의 아래에 있다.

- El perro está sobre la caja.
  강아지가 상자 위에 있다.

 aquí, ahí, allí, arriba, abajo를 제외한 나머지 표현의 경우 명사와 함께 쓰려면 de로 연결해야 해요.

- **delante de** ~ 앞에
- **a la derecha de** ~ 오른쪽에

- **detrás de** ~ 뒤에
- **a la izquierda de** ~ 왼쪽에

- **entre** ~ 사이에
- **al lado de** ~ 옆에

- El perro está delante de la caja.
  강아지가 상자의 앞에 있다.

- El perro está detrás de la caja.
  강아지가 상자의 뒤에 있다.

- El perro está al lado de la caja.
  강아지가 상자의 옆에 있다.

- El perro está a la derecha de la caja.
  강아지가 상자의 오른쪽에 있다.

전치사 a나 de의 뒤에 정관사 el이 나올 때 각각 al과 del로 축약하여 써요.

- Hay flores al lado del profesor.

  선생님 옆에 꽃이 있다.

- El libro es del doctor Santos.

  그 책은 산토스 박사님의 것이다.

2 **hay 동사 + 명사(구) (~이/가 있다)**

hay 동사는 형태가 바뀌지 않으며 불특정한 사람, 사물, 장소 등의 명사(구)가 동사 뒤에 쓰여 위치를 나타
내요. 보통 불특정한 의미의 명사(구) 앞에 hay 동사를 써요.

■ **hay + 관사 없이 쓰인 명사(구)**
   · Hay platos.   접시가 있다.

■ **hay + 부정관사와 쓰인 명사(구)**
   · Hay una rosa.   장미 한 송이가 있다.

■ **hay + 숫자와 쓰인 명사(구)**
   · Hay cinco coches.   자동차 5대가 있다.

■ **hay + mucho/a 등의 수량형용사와 쓰인 명사(구)**
   · No hay muchas tiendas.   상점들이 많지 않다.

3 **estar 동사 (~이/가 있다)**

특정하거나 이미 알고 있는 주어의 위치를 나타내요. 보통 특정한 의미의 명사(구)와 함께 써요.

■ **인칭대명사 + estar**
   · ¿Dónde estás (tú)?   너 어디 있니?

■ **고유명사 + estar**
   · Seúl está en Corea.   서울은 한국에 있다.

■ **정관사 + 명사 + estar**
   · Los gatos están entre árboles.   고양이들이 나무 사이에 있다.

■ **소유사 + 명사 + estar**
   · Mis amigos no están en el bar.   내 친구들은 바에 없다.

■ **지시사 + 명사 + estar**
   · Esa chica no está detrás del árbol.   그 소녀는 나무 뒤에 있지 않다.

4 의문사 **cuánto/a/os/as**

'얼마나, 몇 명/개, 얼마나 많은'을 뜻하는 수량을 묻는 의문사로서, 가리키는 명사의 성과 수에 형태를 일치해요. 단독으로 또는 명사와 함께 써요.

- ¿Cuánto (dinero) hay en la mesa?　　　　탁자에 얼마나(얼마만큼의 돈이) 있나요?

- ¿Cuántos clientes son?　　　　　　　　손님들은 몇 명인가요?

- ¿Cuántas lenguas hay en Europa?　　　유럽에 몇 개의 언어가 있나요?

5 기수 0~30

0 cero	5 cinco	10 diez	15 quince	20 veinte	25 veinticinco
1 uno/a	6 seis	11 once	16 dieciséis	21 veintiuno/a	26 veintiséis
2 dos	7 siete	12 doce	17 diecisiete	22 veintidós	27 veintisiete
3 tres	8 ocho	13 trece	18 dieciocho	23 veintitrés	28 veintiocho
4 cuatro	9 nueve	14 catorce	19 diecinueve	24 veinticuatro	29 veintinueve
					30 treinta

uno, una는 가리키는 명사에 성을 일치해요. uno와 uno를 포함하는 숫자는 남성명사 앞에서 어미 o가 탈락한 un이 되며, 이때 21부터는 강세부호를 첨가해요.

- Hay un perro. Hay uno.　　　　　　한 마리의 개가 있다. 한 마리 있다.

- Hay una casa. Hay una.　　　　　　한 채의 집이 있다. 한 채 있다.

- Hay veintiún chicos y veintiuna chicas.　　21명의 소년과 21명의 소녀가 있다.

💡 숫자는 암기하는 수 밖에 없어요. 1은 단독으로 쓸 때만 uno라고 하며 남성명사 단수형 앞에서는 un이 되어요.

💡 once~quince는 나머지 숫자와 다른 형태예요. 또한 16~19, 21~29는 십자리와 일자리의 숫자가 y와 함께 하나의 어휘로 합쳐진 결과예요.

Granada

♠ Track 05-03

도시에서 볼 수 있는 것들

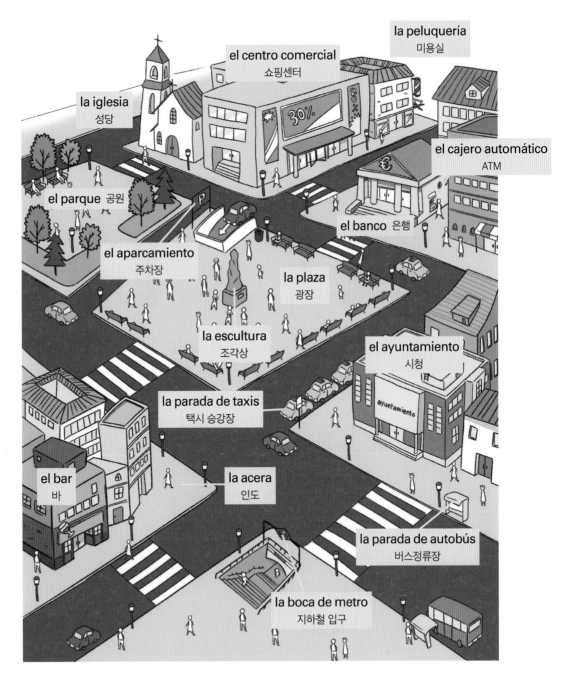

la peluquería
미용실

el centro comercial
쇼핑센터

la iglesia
성당

el cajero automático
ATM

el parque 공원

el banco 은행

el aparcamiento
주차장

la plaza
광장

la escultura
조각상

el ayuntamiento
시청

la parada de taxis
택시 승강장

el bar
바

la acera
인도

la parada de autobús
버스정류장

la boca de metro
지하철 입구

A 그림을 보고 빈칸에 들어갈 알맞은 말을 써보세요.

1.

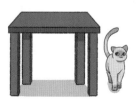

El gato está _____ la mesa.

2.

El gato está _____ la mesa.

3.

El gato está _____ la mesa.

4.

El gato está _____ la mesa.

B 빈칸에 들어갈 말을 <보기>에서 골라 알맞게 써보세요.

보기	por qué cuál(es) cuánto/a/os/as quién(es)

1. ¿ _____ naranjas hay en la nevera?

2. ¿ _____ está en casa ahora?

3. ¿ _____ hay agua aquí?

4. ¿ _____ de estos son tus libros?

Ibiza

실력 높이 GO!

C 빈칸에 hay나 estar 중 알맞은 동사를 활용하여 써보세요.

1. El parque _____ al final de la calle.

2. En la mochila _____ unos libros.

3. _____ dinero debajo de la mochila.

4. ¿No _____ Luis y Daun en casa?

5. Aquí _____ tres mochilas.

parque m. 공원   **mochila** f. 배낭

D 숫자를 듣고 써보세요.   🎧 Track 05-04

1. _____

2. _____

3. _____

E 좌우의 표현을 연결하여 알맞은 문답을 만들어 보세요.

1. ¿Qué hay en la nevera? •   • ① Al lado de la cama.

2. ¿Hay pan en casa? •   • ② En esa calle, a la derecha.

3. ¿Dónde hay un banco? •   • ③ Sí, encima del horno.

4. ¿Dónde está el perro? •   • ④ Unas naranjas.

nevera f. 냉장고 **cama** f. 침대 **banco** m. 은행 **homo** m. 오븐 **naranja** f. 오렌지

1. _____

2. _____

3. _____

4. _____

스페인어권 세계 만나GO!

스페인 사람들의 시간표와 학제

대부분의 직장인들의 근무시간은 보통 8시~17시, 9시~18시에요. 공공 기관이나 은행의 경우, 보통 월요일에서 금요일까지 오전에만 업무를 본다고 해요. 일부 은행은 일주일에 하루, 보통 목요일 오후에 문을 열어요.

학생들의 경우, 학기가 9월초에 시작하여 6월 말에 끝나요. 유치원 이후 6~12세의 초등 교육은 colegio 꼴레히오라고 불리는 학교에서 이루어져요.

보통 9시에 시작하여 2시간의 점심 식사를 학교에서 제공받고 오후 5시쯤 끝나거나 오전 8시에 시작하여 오후 2시까지 집중적으로 수업이 진행되고 귀가하는 곳도 있어요. 13~16세의 중등교육(ESO)은 의무교육으로 instituto인스띠뚜또라고 불리는 학교에서 이루어지며, 특성에 따라 다르지만 보통 8시부터 오후 2시 30분까지 진행되어요.

의무 교육이 아닌 17~18세의 학생들을 대상으로 하는 bachillerato바치예라또 과정은 instituto에서 대학 입시나 전문 기술학교 진학을 목표로 해요. 대학은 좀 더 일정이 자유롭지만 대부분의 수업은 역시 오전에 이루어져요.

한편, 상점들은 월요일부터 토요일까지 영업해요. 오전 9~10시에 문을 열고 오후 2시에 문을 닫아요. 점심시간 이후 오후 4시 30분쯤 부터 8시~9시까지 다시 영업을 해요. 시내에는 종일 운영하는 상점이 있기도 해요. 토요일에는 대형 프랜차이즈 매장과 쇼핑센터를 제외하고는 오전에만 영업을 해요. 일요일에는 레스토랑이나 바를 제외한 모든 상점이 문을 닫으며, 관광지나 박물관, 미술관의 경우 일반적으로 월요일이 휴무예요.

¿Dónde vives?

¿Dónde vives?

너는 어디 사니?

▲ MP3 음원

06강

\ **학습 목표**

규칙동사에 대해 안다.

hacer와 ir 동사를 사용할 수 있다.

\ **공부할 내용**

규칙동사

hacer 동사

ir 동사

전치사 a

의문사 cuándo

\ **주요 표현**

¿Dónde vives?

¿Qué haces?

Voy a Barcelona.

◀ 세비야에 위치한 스페인 광장. 가장자리를
둘러싼 515m의 물길을 보트를 타고 돌아
볼 수 있다.

Madrid

말문트GO!

Diálogo 1 🎧 Track 06-01

알렉스와 다운이는 서로에 대해서 질문을 해요.

Álex	¿Dónde vives?
Daun	Vivo en la calle Azulejo.
Álex	¿Qué hacen tus padres en Corea?
Daun	Mi padre trabaja en una empresa de transporte y mi madre es enfermera.
Álex	¿Tus padres también hablan español?
Daun	No, solo yo hablo español en mi familia. Y tus padres, ¿qué hacen?
Álex	Venden muebles en un centro comercial.
Daun	Ah, sí. Por cierto, ¿con quién comes normalmente?
Álex	Como en casa, pero a veces como fuera con mis amigos.

알렉스 너는 어디 살아?

다운 아술레호 거리에 살아.

알렉스 너의 부모님은 한국에서 뭐 하시니?

다운 우리 아버지는 운송 회사에서 근무 하시고 어머니는 간호사이셔.

알렉스 너의 부모님도 스페인어를 하시니?

다운 아니, 우리 가족 중에서 오직 나만 스페인어를 해. 그런데 네 부모님은 뭐 하셔?

알렉스 쇼핑센터에서 가구를 판매하셔.

다운 아, 그래. 그런데 말야, 너는 보통 누 구와 점심을 먹니?

알렉스 집에서 먹어. 하지만 가끔은 내 친구 들과 밖에서 점심 먹기도 해.

👆 **vivir** 살다　**hacer** 하다, 만들다　**trabajar** 일하다　**empresa** f. 회사, 기업　**transporte** m. 운송, 수송
enfermero/a m.f. 간호사　**hablar** 말하다　**solo** 오직, 단지　**famila** f. 가족　**vender** 팔다
mueble m. 가구　**centro comercial** m. 쇼핑센터　**por cierto** 그건 그렇고　**comer** 먹다, 점심 먹다
normalmente 보통, 일반적으로　**a veces** 가끔　**fuera** 밖에, 밖에서

포인트 잡GO!

스페인어는 보통 조동사의 도움 없이 본동사 하나로 주어와 시제 등을 나타내요. 동사의 어미를 잘 기억하여 활용해야 하는 이유예요.

1 **주어에 알맞은 동사 사용하기**

- ¿Por qué no cenas?　　　　　　　　　너 왜 저녁을 안 먹니?

- Porque ceno fuera con mis amigos.　　친구들과 밖에서 먹기 때문이야.

- ¿Dónde comemos hoy?　　　　　　　　우리 오늘 어디서 점심 먹지?

- Comemos en el restaurante cubano.　그 쿠바 레스토랑에서 점심 먹어.

- ¿Cuándo recibe usted las cartas de Javier?　당신은 하비에르의 편지를 언제 받나요?

- Cada semana.　　　　　　　　　　　　매 주요.

💡 의문문이 의문사 또는 '의문사 + 명사'로 시작하는 경우, 동사는 이들 뒤에 배치되어요.

2 **무엇을 하는지 묻거나 말하기**

- ¿Qué haces?　　　　　　　　　　　　너 뭐 하니?

- Escucho canciones.　　　　　　　　　노래 들어.

- Hago una tarta.　　　　　　　　　　　케이크 만들어.

- ¿Qué hacéis?　　　　　　　　　　　　너희들 뭐 해?

- Hacemos la cena.　　　　　　　　　　저녁 식사를 만들어.

- Leemos novelas en la biblioteca.　　도서관에서 소설 읽어.

💡 hacer는 목적어를 수반하는 동사예요.

 Diálogo 2 🎧 Track 06-02

엘레나와 수빈이는 당일 약속을 잡고 있어요.

Elena	Subin, hay una exposición de fotos antiguas de Madrid en el Centro Cultural de la Villa.
Subin	¡Qué interesante! ¿Cuándo es la exposición?
Elena	Hoy es el último día. ¿Vamos esta tarde?
Subin	Vale, muy bien.
Elena	Luego, ¿qué vas a hacer?
Subin	Nada especial. ¿Por qué?
Elena	Porque hay un restaurante mexicano muy bueno cerca del Centro. ¿Hoy cenamos allí?
Subin	¡Buena idea!

엘레나 수빈, 마드리드의 옛날 사진 전시회가 라 비야 문화센터에서 있어.

수빈 정말 흥미로워! 전시회가 언제야?

엘레나 오늘이 마지막 날이야. 우리 오늘 오후에 갈까?

수빈 그래, 아주 좋아.

엘레나 그리고 나서 뭐 할 거야?

수빈 특별한 것 없어. 왜?

엘레나 문화센터 근처에 아주 좋은 멕시코 레스토랑이 있기 때문이야. 오늘 우리 거기서 저녁 먹을까?

수빈 좋은 생각이야!

---

 exposición f. 전시회 **foto** (= fotografía) f. 사진 **antiguo/a** 오래된, 옛 **interesante** 흥미로운
cuándo 언제 **hoy** 오늘 **último/a** 마지막의 **ir** 가다 **de acuerdo** 알았어, OK
luego 나중에, 이후에 **nada** 아무것/일도 (없다/아니다) **especial** 특별한 **restaurante** m. 레스토랑
mexicano/a m.f. 멕시코인 adj. 멕시코의 **centro** m. 도심, 중심 **cenar** 저녁 식사를 하다

 포인트 잡GO!

'ir 동사 + a ~' 구조는 목적지나 목적으로 하는 행위를 나타내요. 또한 계획이나 예정을 나타내는 구조이기도 해요.

핵심 배우GO!

Barcelona

1 목적지 묻거나 말하기

- ¿Adónde **vas**?   너 어디 가니?
- Voy a **la peluquería.**   미용실에 가.

- ¿Adónde **va usted?**   어디에 가세요?
- Voy al **supermercado.**   슈퍼마켓에 가요.

💡 adónde는 a와 dónde가 결합된 형태예요. 목적지를 가리키는 전치사 a가 목적지 앞에 쓰여요.

2 예정이나 계획 표현하기

- Mañana voy a ir a Barcelona.   내일 나는 바르셀로나에 갈 것이다.

- Luis va a cenar con Subin hoy.   루이스는 오늘 수빈과 저녁 식사를 할 것이다.

- ¿Qué vais a hacer esta tarde?   너희들 오늘 오후에 뭐 할 거야?

- ¿Cuándo vas a comprar un coche?   너는 자동차를 언제 구입할 계획이니?

💡 'ir + a + 동사원형(~할 계획이다)'의 구조로서, 여기서 '동사원형'은 동사의 이름 혹은 부정사를 뜻하는 명칭이에요. 이 구조는 '~하러 가다'로도 이해할 수 있으므로 문맥에 따라 의미를 판단해야 해요.

3 이유 묻고 말하기

- ¿Por qué no bailas?   왜 너 춤 안 추니?
- Porque bailo muy mal.   왜냐하면 나 춤을 엄청 못 추거든.

- ¿Por qué estudias español?   왜 너는 스페인어를 공부하니?
- Porque es un idioma importante.   왜냐하면 중요한 언어이기 때문이야.

💡 의문사 por qué와 이유를 나타내는 접속사 porque(왜냐하면)가 비슷한 형태임에 주의해야 해요.

문법 다지GO!

📍 Sevilla

① **규칙동사**

정해진 어미변화 규칙을 따르는 규칙동사와 이를 따르지 않는 불규칙동사가 있어요. 주어에 따라서 어미가 6개의 상이한 형태로 변화해요.

	-ar 형 cenar 저녁 먹다	-er 형 beber 마시다	-ir 형 vivir 살다
yo	cen-**o**	beb-**o**	viv-**o**
tú	cen-**as**	beb-**es**	viv-**es**
usted, él, ella	cen-**a**	beb-**e**	viv-**e**
nosotros/as	cen-**amos**	beb-**emos**	viv-**imos**
vosotros/as	cen-**áis**	beb-**éis**	viv-**ís**
ustedes, ellos, ellas	cen-**an**	beb-**en**	viv-**en**

❶ 일반적인 사실이나 반복적인 일

· Los leones solo comen carne.　　　　사자는 오직 고기만 먹는다.

· Subin estudia en casa normalmente.　　수빈은 보통 집에서 공부한다.

❷ 현재의 일이나 상황

· Carlos trabaja en Londres.　　　　카를로스는 런던에서 일한다.

· Vivimos con nuestros abuelos.　　　우리는 우리의 조부모님과 산다.

· ¿Qué bebes?　　　　　　　　너 뭐 마시니?

❸ 제안이나 부탁할 때

· ¿Desayunas ahora?　　　　　지금 아침 먹을래?

· ¿Abres las ventanas?　　　　창문을 열어줄래?

· ¿Por qué no cenas con nosotros?　　우리와 함께 저녁 식사를 하지 그래?

② **hacer 동사 (~하다, 만들다)**

보통 '~을/를'을 뜻하는 목적어와 함께 써요.

yo	hago	nosotros/as	hacemos
tú	haces	vosotros/as	hacéis
usted, él, ella	hace	ustedes, ellos, ellas	hacen

- ¿Qué haces mañana?   너 내일 뭐하니?

- Hacemos un trabajo muy importante.   우리는 매우 중요한 업무를 한다.

- Yolanda hace unas tartas muy buenas.   욜란다는 아주 맛있는 케이크를 만든다.

- Hago amigos en Corea.   나는 한국에서 친구를 사귄다.

③ **ir 동사 (가다)**

yo	voy	nosotros/as	vamos
tú	vas	vosotros/as	vais
usted, él, ella	va	ustedes, ellos, ellas	van

❶ **ir a + 장소 : ~에 가다**

- Voy al centro comercial.   나는 쇼핑센터에 간다.

- ¿Adónde va usted?   어디 가세요?

❷ **ir a + 동사원형 : ~할 것이다(계획, 예정)**

- ¿Ustedes van a ir al cine esta tarde?   오늘 오후에 영화관에 가실 거예요?

- ¿No vas a desayunar?   아침 식사 안 할 거야?

❸ **vamos a + 동사원형 : ~하자**

- Vamos a estudiar.   우리 공부하자.

- ¡Niños, vamos a comer!   얘들아, 점심 먹자!

💡 동사원형은 동사의 이름 혹은 부정사에 해당하며 사전에 수록되는 형태예요.

4 **전치사 a**

'~에, ~하러' 등을 뜻하는 전치사로서 방향이나 목적지, 목적으로 하는 행위 등을 나타내요.

- ¿Adónde vais?   너희들 어디 가니?
- Vamos a Segovia.   우리 세고비아에 가.

- ¿Adónde van tus padres?   네 부모님은 어디에 가시는 거야?
- Van al centro a ver una película.   영화를 보러 시내에 가셔.

5 **의문사 cuándo**

'언제'를 뜻하며 시기나 때를 묻는 의문사예요.

- ¿Cuándo llegas a casa?   너는 집에 언제 도착하니?
- Llego por la noche.   밤에 도착해.

- ¿Cuándo hace Miguel la cena?   미겔은 저녁 식사를 언제 만들어?
- Ahora mismo.   지금 당장.

Track 06-03

 직업 명사

abogado/a	m.f. 변호사	escritor(a)	m.f. 저술가, 작가
arquitecto/a	m.f. 건축가	farmacéutico/a	m.f. 약사
agricultor(a)	m.f. 농부	ingeniero/a	m.f. 엔지니어, 기술자
autor(a)	m.f. 저자, 작가	juez	m.f. 판사
bombero/a	m.f. 소방관	mecánico/a	m.f. 정비공, 수리기사
cajero/a	m.f. 계산원, 은행직원	médico/a	m.f. 의사
camarero/a	m.f. 웨이터, 웨이트리스	militar	m.f. 군인
cartero/a	m.f. 우편배달부	oficinista	m.f. 회사원
conductor(a)	m.f. 운전사	peluquero/a	m.f. 미용사
cocinero/a	m.f. 요리사	periodista	m.f. 기자, 저널리스트
dentista	m.f. 치과의사	pintor(a)	m.f. 화가
dependiente/ta	m.f. 종업원	policía	m.f. 경찰
deportista	m.f. 운동선수	político/a	m.f. 정치인
diseñador(a)	m.f. 디자이너	portero/a	m.f. 수위, 관리인
doctor(a)	m.f. 박사	profesor(a)	m.f. 선생님, 교수님
empresario/a	m.f. 기업가	taxista	m.f. 택시 기사
enfermero/a	m.f. 간호사	vendedor(a)	m.f. 상인, 판매인

실력 높이GO!

A 좌우의 표현을 연결하여 알맞은 문장을 만들어 보세요.

1. Pedro •
2. Trabaja •
3. Vive •
4. No va •

• en la calle Mayor.
• es profesor de inglés.
• a trabajar mañana.
• en un instituto.

instituto m. 고등학교 **mañana** 내일

1. _____

2. _____

3. _____

4. _____

B 제시된 말로 알맞은 문장을 만들어 보세요.

1. la comida / mi amigo / hacer

   → _____

2. a Sevilla / Dolores / mañana / ir

   → _____

3. esta tarde / ir / nosotros / al cine

   → _____

4. deporte / tú / hacer / no

   → _____

comida f. 음식, 점심 식사 **deporte** m. 운동

Alejandro의 이야기를 듣고 질문에 대답해 보세요.   🎧 Track 06-04

1. ¿Qué estudia?

_____

2. ¿Qué hace con su perro?

_____

3. ¿Adónde va todos los días?

_____

4. ¿Con quién va al pub?

_____

5. ¿Qué hace en el pub?

_____

correr por ~을/를 뛰다   **gimnasio** m. 체육관   **fin de semana** m. 주말

D 제시된 동사의 활용형을 빈칸에 알맞게 써보세요.

1. ¿Dónde _____ (vivir, usted)?

2. Yo no _____ (hablar) muy bien español.

3. Nosotras siempre _____ (comer) en este restaurante.

4. ¿ _____ (usted, hablar) inglés?

5. Pablo y yo _____ (viajar) mucho porque somos cantantes.

6. ¿Qué _____ (vosotros, comer) hoy?

hablar 말하다   **cantar** 노래하다   **hoy** 오늘   **viajar** 여행하다   **cantante** m.f. 가수

E <보기>처럼 다음 표현에 적절한 질문을 만들어 보세요.

> 보기   Trabajo en un hospital. → ¿Dónde trabajas?

leer 읽다

1. No, no hablo español.

    → _____

2. Vivo en Madrid.

    → _____

3. Leo una novela.

    → _____

4. Voy al hospital.

    → _____

정답

A **1.** Pedro es profesor de inglés. **2.** Trabaja en un instituto. **3.** Vive en la calle Mayor.
4. No va a trabajar mañana.

B **1.** Mi amigo hace la comida. **2.** Dolores va a Sevilla mañana. **3.** Nosotros vamos al cine esta tarde.
4. Tú no haces deporte.

C **1.** Estudia inglés en la universidad. **2.** Corre por el parque con él. **3.** Va al parque y al gimnasio.
4. Va con sus amigos. **5.** Cena, canta y habla con sus amigos.

D **1.** vive **2.** hablo **3.** comemos **4.** Habla **5.** viajamos **6.** coméis

E **1.** ¿Hablas español? **2.** ¿Dónde vives? **3.** ¿Qué lees? **4.** ¿Adónde vas?

스페인의 연말연시 : 가장 중요한 진짜 축제

11월 말부터 시내 중심가는 색색의 화려한 전등으로 장식돼요. 12월 22일에는 국가에서 발행하는 어마어마한 액수의 복권(el Gordo) 추첨이 있어요. 대부분의 사람들이 복권을 사서 나눠 가진 상태이기 때문에 온 나라가 어린이들이 나와 추첨하는 그 순간을 기다리고 방송에서는 당첨자들에 대한 소식으로 떠들썩하다고 해요.

크리스마스 이브인 Nochebuena노체부에나에는 평소 먹지 못했던 값비싼 재료들로 만든 풍성한 저녁 식사와 전통적인 디저트인 turrón뚜론, mazapán마싸빤, polvorón뽈보론 등을 즐겨요. 성탄절 민요인 villancicos비얀씨꼬스를 부르거나 자정 미사에 참석하는 이들도 있어요. 다음 날인 25일 성탄절에는 온 가족이 다시 모여 점심을 먹는다고 해요.

turrón

doce uvas

Día de los Reyes Magos

12월 31일인 Nochevieja노체비에하는 특히 친구들과 보내요. 가족과 저녁 식사를 한 후 자정이 되기 직전 새해에 행운을 가져다준다는 '행운의 포도 12알(doce uvas de la suerte)'을 TV에서 방영되는 타종 행사에 맞춰 하나씩 먹어요. Madrid의 Puerta del Sol뿌에르따 델 솔 광장의 행사가 가장 유명하다고 해요. 이후 젊은이들은 대규모의 파티장을 찾아 거리로 나서요.

1월 6일은 어린이들을 위한 '동방박사의 날(Día de los Reyes Magos)'예요. 이날 먹는 roscón de Reyes로스꼰 데 레예스라는 케이크가 유명하다고 해요. 각 도시에서는 화려한 마차에 탄 세 명의 동방박사 퍼레이드가 진행되고, 집에 돌아간 어린이들은 잘 닦은 신발을 거실 창가에 두어요. 다음 날 동방박사들이 신발 옆에 두고 간 선물을 보며 어린이들은 환호하며 아침을 맞이해요.

¿Qué fecha es hoy?

Capítulo
07

¿Qué fecha es hoy?

오늘이 며칠이지?

▲ MP3 음원

07강

\ **학습 목표**

날짜와 요일을 말할 수 있다.
tener동사와 venir 동사를 사용할 수
있다.

\ **공부할 내용**

날짜와 요일 표현
tener 동사
venir 동사
tener 관용표현

\ **주요 표현**

¿Qué fecha es hoy?
Es quince de noviembre.
Tengo que ir a casa.

◀ 바르셀로나의 북동쪽에 위치한 코스타
브라바 해안의 한 마을. 멋진 모래사장과
맑고 푸른 바다가 펼쳐져 있다.

 Diálogo 1 🎧 Track 07-01

엘레나와 소피아가 거리에서 우연히 만나요.

Elena	¡Hola, Sofía! ¿Qué haces por aquí?
Sofía	¡Elena! Tengo clase de guitarra todos los martes cerca de aquí.
Elena	¿Sí? Bueno, ¿qué tal todo?
Sofía	Todo bien. Últimamente quedo mucho con Alicia para hablar y pasear.
Elena	¿De verdad? Oye, Sofía, hay una cena de amigos en mi casa. Vienen Paula, Lucas y Tomás. ¿Por qué no cenáis Alicia y tú con nosotros?
Sofía	¿Qué día es la cena?
Elena	Es este sábado, el día veintiocho.
Sofía	¿Qué fecha es hoy?
Elena	Es veinticinco de mayo.
Sofía	Vale. Voy a la cena con Alicia.

엘레나 안녕, 소피아! 이 근처에서 뭐 하니?

소피아 엘레나! 여기에서 가까운 곳에서 매주 화요일마다 기타 수업이 있어.

엘레나 그래? 모두 다 어때?

소피아 다 좋아. 최근에는 이야기하고 산책하기 위해 알리시아랑 많이 만나.

엘레나 진짜? 얘, 소피아, 우리 집에서 친구들의 저녁 식사가 있어. 파울라, 루카스, 토마스가 와. 알리시아와 너도 우리와 저녁식사를 하지 그래?

소피아 저녁식사가 무슨 요일인데?

엘레나 이번 토요일, 28일에 있어.

소피아 오늘이 며칠이지?

엘레나 5월 25일이야.

소피아 알았어. 알리시아랑 저녁식사에 갈게.

 por aquí 이 근처에 **tener** 가지다 **clase** f. 수업, 교실 **guitarra** f. 기타 **todo/a** 모든 **martes** m. 화요일 **¿qué tal?** 어때? 어떻게 지내? **últimamente** 최근에 **quedar** 만나다, 만나기로 약속하다 **pasear** 산책하다 **cena** f. 저녁식사 **venir** 오다 **sábado** m. 토요일

 포인트 잡GO!

¿por qué no ~?는 이유를 묻는데 사용하지만 제안이나 권유 등에도 사용되어요.

Barcelona

① 날짜나 요일 표현하기

❶ 날짜 묻거나 말하기

- ¿Qué fecha es (hoy/ mañana)? 　　　　　　　　(오늘/ 내일은) 며칠입니까?
- Es catorce de junio. 　　　　　　　　　　　　6월 14일입니다.

❷ 요일 묻거나 말하기

- ¿Qué día es (hoy/ mañana)? 　　　　　　　　(오늘/ 내일은) 무슨 요일입니까?
- Es lunes. 　　　　　　　　　　　　　　　　　월요일입니다.

❸ 구체적인 일의 날짜나 요일 묻거나 말하기

- ¿Cuándo es la Tomatina? 　　　　　　　　　라 토마티나는 언제입니까?
- Es el treinta de agosto. 　　　　　　　　　　8월 30일입니다.

- ¿Cuándo es tu cumpleaños? 　　　　　　　　네 생일은 언제니?
- Es el diecinueve de julio. 　　　　　　　　　7월 19일이야.

💡 일반적인 날짜나 요일 표현에는 그 앞에 정관사를 사용하지 않지만, 경축일이거나 특정한 의미가 있는 날짜 나 요일에는 정관사를 첨가해요.

② 소유한 것을 묻거나 말하기

- ¿Tienes dinero? 　　　　　　　　　　　　　너 돈 있니?

- ¿Cuántos hijos tiene usted? 　　　　　　　　몇 명의 자녀가 있으세요?

- Alicia tiene los ojos muy grandes. 　　　　　알리시아는 매우 큰 눈을 가졌다.

- Mi casa no tiene jardín. 　　　　　　　　　내 집은 정원이 없다.

💡 소유물을 표현하는 것은 물론 나이나 생김새, 건물이나 집의 구조를 표현하는데도 tener 동사가 사용되어요.

Diálogo 2 🎧 Track 07-02

루이스와 수빈이는 주말 계획에 대해서 이야기해요.

Luis Subin, ¿no tienes hambre? Vamos a tomar unas tapas.

Subin De acuerdo. Vamos al bar Manolo. Luis, ¿qué vas a hacer el fin de semana?

Luis Tengo que limpiar la casa, y después, voy a cenar con mi novia. Y tú, ¿qué vas a hacer?

Subin Voy a ir al centro para comprar un regalo para mi sobrina.

Luis ¿Cuántos años tiene?

Subin Tiene cinco años. Pronto va a ser su cumpleaños. Luego, voy a cenar con Daun en el restaurante Botín.

Luis Para cenar en ese famoso restaurante hay que reservar. Siempre tiene muchos clientes.

루이스 수빈, 배 안고파? 우리 타파스 먹으러 가자.

수빈 좋아, 마놀로 바에 가자. 루이스, 주말에 뭐 할 거야?

루이스 집을 청소해야 해, 그리고는 여자 친구와 저녁 식사할 거야. 너는 뭐 할 거야?

수빈 나는 조카를 위한 선물을 사러 시내에 갈 거야.

루이스 몇 살인데?

수빈 다섯 살이야. 곧 그 애의 생일이야. 그리고는 다운이랑 보틴 레스토랑에서 저녁을 먹을 거야.

루이스 그 유명한 레스토랑에서 저녁 식사하려면 예약해야 해. 언제나 많은 손님들이 있어.

hambre f. 배고픔, 굶주림 **tomar** 먹다, 마시다 **tapas** f. 타파스 (소량의 요리)
fin de semana m. 주말 **limpiar** 청소하다, 닦다 **después (~de)** (~) 다음에, 이후에
novio/a m.f. 연인 **comprar** 사다, 구입하다 **sobrino/a** m.f. 조카 **año** m. 나이, 해, 년
pronto 곧, 금방, 일찍 **cumpleaños** m. 생일 **reservar** 예약하다 **siempre** 항상
cliente/ta m.f. 손님

Barcelona

1 tener 동사로 주어의 상태 표현하기

- Tengo **mucha** hambre.   나는 배가 많이 고파.

- ¿Tienes sed?   너 목말라?

- ¿**Usted no** tiene frío?   당신은 춥지 않으세요?

- Tengo **mucho** dolor de **estómago**.   나는 배가 많이 아프다.

💡 tener는 정해진 어휘와 함께 써서 신체의 상태나 상황을 표현할 수 있어요. 통증 표현의 경우, 신체 부위명을 반드시 수반해야 해요.

2 나이 묻거나 말하기

- ¿Cuántos años tienes?   너는 몇 살이니?

- Tengo **treinta y seis años**.   36살이야.

- ¿Cuántos años tienen Paula y Tomás?   파울라와 토마스는 몇 살이니?

- **Los dos** tienen **veintiún años**.   그 둘은 21살이야.

💡 uno의 경우 남성명사 앞에서 un으로 쓴다는 사실을 기억해야 해요.

3 의무 표현하기

- Tengo que **estudiar para el examen**.   나는 시험을 위해 공부해야만 한다.

- ¿Qué tengo que **hacer en Barcelona**?   나는 바르셀로나에서 무엇을 해야만 해?

- Hay que **hacer ejercicio**.   운동을 해야만 한다.

- ¿Qué hay que **hacer para ser policía**?   경찰이 되려면 무엇을 해야 합니까?

💡 hay 동사는 형태가 변하지 않으므로 주어를 표현할 수 없어요. 따라서 주어가 표출되는 의무감에는 사용하지 않아요.

Sevilla

문법 다지GO!

1 (~은/는) 며칠입니까? (~은/는) 무슨 요일입니까?

fecha(날짜)는 '일 de 월 (de 년)'의 순서로 작은 단위부터 표현해요. estamos a는 '우리는 ~에 와있다'를 뜻한다고 생각하면 이해하기가 수월해요. 월명, 요일명은 **어휘 늘리GO!**를 참고하세요.

- ¿Qué fecha es (hoy, mañana...)? (오늘, 내일...) 며칠입니까?
- Es ocho de mayo. 5월 8일입니다.

- ¿A cuántos estamos (hoy, mañana...)? (오늘, 내일...) 며칠입니까?
- Estamos a ocho de mayo. 5월 8일입니다.

- ¿Qué día es (hoy, mañana...)? (오늘, 내일...) 무슨 요일입니까?
- Es miércoles. 수요일입니다.

2 특정한 일이 있는 날짜와 요일 표현

❶ 특정한 의미가 있거나 경축일 등의 날짜나 요일에는 정관사나 지시사를 첨가해요. '~요일에'의 표현에는 전치사를 따로 쓰지 않으며 월~금의 요일명은 단수형과 복수형이 동일해요.

- ¿Cuándo es el examen? 시험은 언제니?
- Es el uno de mayo. 5월 1일이야.

- ¿Cuándo es el viaje? 여행이 언제야?
- Viajamos el lunes. 우리는 월요일에 여행을 가.

❷ '~요일에'라는 표현이 단 하루일 경우 정관사 el이나 지시사 este를 요일명 앞에 쓰고, '~요일마다'의 경우에는 복수형의 요일명 앞에 (todos) los나 cada를 첨가해요.

- Voy a México el veintisiete de este mes. 나는 이번 달 27일에 멕시코에 간다.

- ¿Qué vas a hacer este viernes? 이번 금요일에 뭐해?

- No trabajo todos los jueves. 나는 매주 목요일마다 근무를 안 한다.

- Limpiamos la casa cada lunes. 우리는 월요일마다 집을 청소한다.

3 **tener 동사, venir 동사**

	tener	venir
yo	tengo	vengo
tú	tienes	vienes
usted, él, ella	tiene	viene
nosotros/as	tenemos	venimos
vosotros/as	tenéis	venís
ustedes, ellos, ellas	tienen	vienen

❶ **tener (가지다, 소유하다)**

· ¿Tienes agua?　　　　　　　　　　너 물 있니?

· Ella tiene los ojos azules.　　　　그녀는 파란색 눈동자를 가졌다.

❷ **venir (오다)**

■ venir de ~ (~에서 오다)

· Este vino viene de España.　　　이 포도주는 스페인에서 온다.

· ¿De dónde vienes?　　　　　　　너 어디에서 오는 거야?

■ venir a + 동사원형 (~하러 오다)

· Vengo a comer con Subin.　　　나는 수빈과 점심을 먹으러 왔다.

· Ella viene a estudiar con José.　그녀는 호세와 공부하러 온다.

4 **tener 동사로 구성되는 관용표현**

[나이 표현] tener + ○○ años

· ¿Cuántos años tienes?　　　　　몇 살이니?

· (Tengo) Veintiún años.　　　　　스물한 살이야.

[관용표현 ①]	**tener**(+ **mucho**) + calor 덥다 / frío 춥다 / sueño 졸리다 / miedo 무섭다
	éxito 성공하다 / dolor de + 신체부위 ~이(가) 아프다

· Tengo mucho dolor de dientes.　　　　　　나는 이가 많이 아프다.

· Celia tiene mucho frío.　　　　　　셀리아는 무척 춥다.

[관용표현 ②]	**tener**(+ **mucha**) + hambre 배고프다 / sed 목마르다 / fiebre 열이 있다
	suerte 운이 좋다 / prisa 급하다 / razón (~의 말이) 타당하다

· No tenemos mucha hambre.　　　　　　우리는 배가 많이 고프지 않다.

· Usted tiene razón.　　　　　　당신 말이 옳아요.

· Siempre tienes mucha suerte.　　　　　　너는 항상 운이 좋구나.

5 **의무 표현 (~해야만 한다)**

❶ **tener que + 동사원형: 의무, 필요, 지시, 충고 등에 써요.**

· Ángel tiene que leer unos libros.　　　　　　앙헬은 책 몇 권을 읽어야만 한다.

· Hoy tengo que ir al médico.　　　　　　오늘 나는 병원에 가야만 한다.

❷ **hay que + 동사원형 : 주어 표현이 불가능하므로 개인적인 의무표현에는 사용되지 않고 일반적인 의무, 충고, 지시 등에 써요.**

· Para aprender español hay que practicar mucho.
스페인어를 배우려면 많이 연습해야 한다.

· Hay que tener paciencia.　　　　　　인내심을 가져야만 한다.

💡 no tener que + 동사원형 : '~할 필요가 없다'를 뜻할 수 있어요.
　　· No tenemos que ir a trabajar. 우리는 일하러 갈 필요가 없다.

Granada

🎧 Track 07-03

 월명

enero
1월

febrero
2월

marzo
3월

abril
4월

mayo
5월

junio
6월

julio
7월

agosto
8월

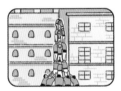

septiembre
9월

octubre
10월

noviembre
11월

diciembre
12월

 요일명

LUNES
월요일

MARTES
화요일

MIÉRCOLES
수요일

JUEVES
목요일

VIERNES
금요일

SÁBADO
토요일

DOMINGO
일요일

Capítulo 07　119

A 철자를 알맞게 배열하여 월명을 만들어 보세요.

1. lojui → _____ 2. lirab → _____

3. bucotre → _____ 4. zamor → _____

B 철자를 알맞게 배열하여 요일명을 만들어 보세요.

1. uveejs → _____ 2. trmsae → _____

3. ádsaob → _____ 4. snule → _____

C 날짜를 스페인어로 풀어 써 보세요.

1. 8월 18일 → _____

2. 1월 29일 → _____

3. 11월 15일 → _____

4. 2월 11일 → _____

5. 10월 26일 → _____

D <보기>처럼 다시 써보세요.

> 보기   Ellos no comen frutas. → Tienen que comer frutas.
>
> Hay que comer frutas.

suficiente 충분한

1. No bebes suficiente agua. → _____

_____

2. Él no hace deporte.   → _____

_____

3. No vas a clase.   → _____

_____

4. Ellos no son amables.   → _____

_____

E 질문을 듣고 빈칸에 알맞은 대답을 써보세요.   🎧 Track 07-04

1. Hoy _____

2. Mañana _____

3. Mi cumpleaños es _____

4. Tengo _____

F 빈칸에 ser, estar, tener, venir 중 알맞은 동사의 활용형을 써보세요.

1. Busan no _____ en China.

2. María _____ morena y _____ los ojos azules.

3. El café _____ frío.

4. José _____ sueño.

5. Esta _____ mi amiga María.

6. ¿Cuántos hijos _____ usted?

7. Aquel tren _____ de Málaga.

8. Manuel _____ que limpiar el coche.

9. Nosotras _____ a pasear con nuestra abuela.

10. La profesora _____ muy amable.

ojo m. 눈 **azul** 파란색 **tren** m. 기차 **limpiar** 청소하다

정답

A 1. julio 2. abril 3. octubre 4. marzo

B 1. jueves 2. martes 3. sábado 4. lunes

C 1. dieciocho de agosto 2. veintinueve de enero 3. quince de noviembre 4. once de febrero
   5. veintiséis de octubre

D 1. Tienes que beber suficiente agua. Hay que beber suficiente agua.
   2. Tiene que hacer deporte. Hay que hacer deporte.
   3. Tienes que ir a clase. Hay que ir a clase.
   4. Tienen que ser amables. Hay que ser amables.

E 1. Hoy es domingo. (요일에 따라 달라짐) 2. Estamos a once de agosto. (날짜에 따라 달라짐)
   3. Es el diecinueve de marzo. (생일에 따라 달라짐) 4. Tengo veintiocho años. (나이에 따라 달라짐)

F 1. está 2. es, tiene 3. está 4. tiene 5. es 6. tiene 7. viene 8. tiene 9. venimos 10. es

스페인어권 세계 만나GO!

카니발 외에도 세계적으로 유명한 Hispanoamérica의 축제들

페루의 안데스 산악 도시 Cuzco꾸스꼬에서는 inca잉카의 태양신 Inti인띠를 기리며 매년 남반구의 동지에 해당하는 6월 24일에 Inti Raymi인띠라이미를 개최해요. 잉카인의 언어인 quechua께추아어로 '태양의 축제'를 뜻하며, 잉카력으로 한 해가 새로이 시작되는 날이기도 해요. 잉카 제국의

수도였던 Cuzco 시내와 외곽의 요새 Sacsayhuamán삭사이와망에서 5백여 명의 사람들이 왕의 행렬을 포함한 잉카 고유의 전통과 음악, 춤으로 자신들의 문화를 널리 알리고 기념해요. 볼리비아, 에콰도르, 페루, 콜롬비아 및 아르헨티나 북부의 다양한 토착 공동체에서도 개최되어요.

두 번째로 멕시코의 Día de Muertos(죽은 자의 날)는 maya마야와 azteca아스떼까인들의 옛 풍습이 가톨릭의 전통과 혼합되어 세상을 떠난 친인척을 추억하는 멕시코인 고유의 방식이에요. 11월 2일 밤 고인의 사진과 음식, 꽃, 초 등으로 장식한 제단을 차리고, 이들의 묘지에도 찾아가 밤을 지새우며 함께 먹고 마시고 이야기해요. 해골로 장

죽은 자의 날

식된 가면이나 의상, 인형, 과자 등을 쉽게 볼 수 있으며, 삶과 죽음은 자연의 순환이라는 사실을 유쾌하게 표현해요. 미국의 *Halloween*과 맞물려 세계적으로 더욱 유명해지고 있어요.

세 번째로 콜롬비아 Medellín메데인에서 매년 8월에 개최되는 Feria de las Flores(꽃 페리아)도 유명해요. 매년 이 도시는 거리를 꽃으로 장식하고 지역 원주민의 문화를 함께 나누며 수많은 방문객을 끌어들이는 놀랍도록 다채롭고 향기로운 축제를 개최해요. 오케스트라의 연주와 함께 꽃을 등에 가득 짊어진 등짐꾼(silleteros)의 행렬은 눈

꽃 페리아

과 코, 귀를 황홀하게 만들어요. '영원한 봄의 도시'라고 불리는 메데인은 매년 이렇게 화려한 옷을 차려입고 문화의 전통적 가치를 드높이며 주민들에게 엄청난 자부심을 선사해요. 이스빠노아메리카에서 가장 화려한 5대 축제 중 하나예요.

¿Qué hora es?

Capítulo
08

¿Qué hora es?

몇 시야?

▲ MP3 음원

08강

❯ **학습 목표**

시각을 묻거나 말할 수 있다.
주요 불규칙동사를 사용할 수 있다.

❯ **공부할 내용**

시각 표현
poder 동사
salir 동사
volver 동사
ver 동사
mucho와 muy, 31~100

❯ **주요 표현**

Son las cinco de la tarde.
No puedo salir.
Salgo de casa a las ocho.

◀ 마드리드의 독립광장에 위치한 알칼라
문이다.

Madrid

Diálogo 1 🎧 Track 08-01

수빈이는 루이스에게 함께 영화를 보자고 말해요.

Subin	Elena y yo vamos a ver una película coreana en mi casa. ¿Vienes tú también?
Luis	¿Cuándo?
Subin	Mañana por la tarde.
Luis	Mañana no tengo mucho tiempo porque tengo que ir a la piscina.
Subin	La película no es larga.
Luis	¿Sí? Entonces yo también voy. ¿Cómo puedo llegar a tu casa?
Subin	Puedes tomar el autobús número 71 y bajas en la calle Romana.
Luis	Vale, tengo tu dirección. Bueno, mañana estoy en tu casa antes de las cinco.
Subin	Perfecto. La película va a ser muy divertida.

수빈 엘레나와 나는 우리 집에서 한국 영화를 볼 거야. 너도 올래?

루이스 언제?

수빈 내일 오후.

루이스 내일은 수영장에 가야만 해서 시간이 많지 않아.

수빈 영화가 길지 않아.

루이스 그래? 그럼 나도 갈래. 네 집에는 어떻게 도착할 수 있지?

수빈 71번 버스를 탈 수 있어. 그리고 로마나 거리에서 내리는 거야.

루이스 알았어. 네 주소 있어. 그럼 내일 5시 전에 네 집에 갈게.

수빈 완벽해. 영화는 무척 재미있을 거야.

 ver 보다 **película** f. 영화 **mañana** 내일 **por la tarde** 오후에 **tiempo** m. 시간, 날씨
piscina f. 수영장 **largo/a** 긴 **entonces** 그러면 **llegar** 도착하다 **poder** ~할 수 있다
número m. 숫자 **bajar** 내리다 **dirección** f. 주소 **antes (de ~)** (~ 하기) 전에
divertido/a 재미있는

 포인트 잡GO!

antes (전에)는 뒤에 명사를 연결하여 '~ 전에'라는 의미로 사용할 경우 반드시 de로 명사를 연결하여 써요.

Barcelona

핵심 배우GO!

1 능력이나 가능성 표현하기

- Hoy puedo preparar comida española.   오늘 나는 스페인 요리를 준비할 수 있다.

- ¿Podemos salir de la clase?   우리는 교실에서 나갈 수 있어요?

- ¿Usted puede hacer este ejercicio en casa?   당신은 이 운동을 집에서 할 수 있나요?

- Ellas pueden venir hoy.   그녀들은 오늘 올 수 있다.

💡 poder는 동사원형과 함께 쓰여 '~을/를 할 수 있다'를 의미하는 동사예요.

2 보는 행위 표현하기

- Veo mucho la televisión.   나는 TV를 많이 본다.

- ¿Ves mi coche?   내 자동차 보여?

- No vemos el partido de fútbol.   우리는 축구 경기를 보지 않는다.

- Ellos van a ver el partido en el bar.   그들은 경기를 바에서 볼 것이다.

💡 ver는 목적어와 함께 쓰는 동사예요.

3 수량이나 정도를 강조하여 표현하기

- Tengo muchos amigos.   나는 많은 친구를 가지고 있다.

- ¿Estudias mucho?   너는 공부 많이 하니?

- La comida está muy rica.   이 음식은 매우 맛이 있다.

- El perro corre muy rápido.   그 개는 매우 빨리 뛴다.

💡 mucho/a는 명사와 동사를, muy는 형용사와 부사를 수식해요.

📱 Diálogo 2 🎧 Track 08-02

다운이는 루이스와 일과에 대해 이야기해요.

Luis	¿A qué hora tienes la clase de español?
Daun	A las nueve todos los días. Ah, los jueves no tengo clases.
Luis	Entonces, ¿a qué hora sales de casa?
Daun	A las ocho. Después de las clases, vuelvo a casa pronto para ir al gimnasio.
Luis	¿Todos los días? ¡Dios mío! ¿No estás cansado?
Daun	No, estoy bien. Por cierto, hoy hay un partido de fútbol muy importante, ¿no?
Luis	¡Uy, mi cabeza! ¿Qué hora es? No son las siete y media, ¿verdad?
Daun	Tranquilo. Son las siete y cuarto.

루이스	네 스페인어 수업은 몇 시에 있니?
다운	매일 9시에. 아, 목요일마다 수업이 없어.
루이스	그럼 집에서 몇 시에 나오는데?
다운	8시에. 수업 이후에는 체육관에 가기 위해 일찍 집으로 돌아가.
루이스	매일매일? 맙소사! 피곤하지 않아?
다운	아니, 괜찮아. 그건 그렇고 오늘 아주 중요한 축구 경기가 있잖아, 아니야?
루이스	어휴, 내 정신 좀 봐! 몇 시야? 7시 반 아니지, 그렇지?
다운	진정해. 7시 15분이야.

> **hora** f. 시, 시간 **medio/a** 절반의 **salir** 나가다, 출발하다 **¡Dios mío!** 세상에나!
> **gimnasio** m. 체육관, 헬스장 **volver** 돌아가다 **partido** m. 시합, 게임 **fútbol** m. 축구
> **importante** 중요한 **cabeza** f. 머리, 정신 **tranquilo/a** adj. 평온한 / 진정해라
> **cuarto/a** 1/4, 네 번째

포인트 잡GO!

스페인어는 보통 문답이 동일한 구조를 이뤄요. a와 함께 시각이 배치되는 표현 구조는 특정한 일이 실행되는 시각을 질문할 때도 a와 함께 시각을 묻는 qué hora가 배치되어 a qué hora의 구조로 표현되어요.

Barcelona

핵심 배우GO!

1 시각 묻거나 말하기

- ¿Qué hora **es**?   몇 시예요?
- Es **la una**.   1시예요.
- Son **las ocho**.   8시예요.

💡 시각이 단수인지 복수인지에 따라 es와 son, 두 개의 동사가 쓰이며, 시각 앞에 정관사 la, las가 배치되어요.

2 특정한 일이 있는 시각 묻거나 말하기

- ¿A qué hora **vas a cenar**?   너는 몇 시에 저녁을 먹을 거야?
- A las **siete y media**.   7시 반에.

💡 a는 영어 *at*의 역할이에요.

3 출발지나 출발하는 목적 표현하기

- El tren sale de **la estación**.   기차가 역에서 출발한다.
- Salimos a **trabajar a las ocho**.   우리는 일하러 8시에 나간다.

💡 'salir de ~'는 출발지를 표현하며, 'salir a + 동사원형'은 '~하러 나가다'를 뜻하는 구조예요.

4 되돌아오는 시작점이나 목적지 표현하기

- Mi padre vuelve de **la oficina**.   아버지는 사무실에서 돌아오신다.
- Vuelvo a **Seúl en las vacaciones**.   나는 휴가 동안 서울로 돌아온다.

💡 volver는 de와 함께 쓰여 출발지를 표현하며, a와 함께 쓰면 목적지를 나타내요.

5 어떤 일이 실행된다고 표현하기

- El examen es a **las nueve**.   시험은 9시에 치러진다.
- ¿Dónde es **la clase**?   수업은 어디에서 있지?

💡 ser 동사는 주어의 특성 표현 외에도 '열리다, 개최되다, 벌어지다' 등의 의미로 쓰여요.

Capítulo 08   **129**

문법 다지 GO!

Sevilla

1 시간 말하기

¿Qué hora es?　　　몇 시입니까?

■ **1시** ⇨ 시각은 여성형 una이며 단수 동사 es와 함께 쓰여요. 또한 여성 정관사 단수형 la를 첨가해요.

　　　　　· **Es la una.**　　　　　　　　　　　1시다.

■ **2~24시** ⇨ 복수 동사 son을 함께 사용하며 여성정관사 복수형 las를 첨가해요.

　　　　　· **Son las doce.**　　　　　　　　　　12시다.

■ **~시 ~분** ⇨ 시간 뒤에 'y + 분'을 첨가해요.

　　　　　· **Es la una** y diez.　　　　　　　　1시 10분이다.

■ **15분** ⇨ 시간 뒤에 y quince 또는 y cuarto를 첨가해요.

　　　　　· **Es la una** y cuarto (= **Es la una** y quince).　1시 15분이다.

■ **30분** ⇨ 시간 뒤에 y treinta 또는 y media를 첨가해요.

　　　　　· **Son las cinco** y media (= **Son las cinco** y treinta).　5시 반이다.

■ **~시 ~분 전** ⇨ 시간 뒤에 'menos + 분'을 첨가해요.

　　　　　· **Son las doce** menos cuarto.　　　　12시 15분 전이다.

 오전, 오후 시간 구분을 위해 시각 뒤에 de la mañana/tarde/noche를 첨가할 수 있어요.
Son las seis (de la mañana 또는 de la tarde). (오전/ 오후) 6시이다.

오전, 오후 시간 구분을 위해 시각 뒤에 de la mañana/tarde/noche를 첨가할 수 있어요.

정각은 시각 뒤에 en punto를 첨가할 수 있어요.
Son las doce (en punto). (정각) 12시다.

2 특정한 일이나 사건의 시각을 묻거나 말하기

질문에도 영어 *at*에 해당하는 전치사 a를 시각 앞에 써서 정확한 시점을 물어봐요. 이때도 여성 정관사 la 나 las를 꼭 함께 써요.

· **¿A qué hora es la fiesta?**　　　　　　　파티가 몇 시에 있어요?

· **Es a las ocho.**　　　　　　　　　　　　여덟 시에 있어요.

- ¿A qué hora **termina** la clase? 수업이 몇 시에 끝나요?
- **Termina** a la una. 한 시에 끝나요.

③ 불규칙 동사들

	poder	salir	volver	ver
yo	puedo	salgo	vuelvo	veo
tú	puedes	sales	vuelves	ves
usted, él, ella	puede	sale	vuelve	ve
nosotros/as	podemos	salimos	volvemos	vemos
vosotros/as	podéis	salís	volvéis	veis
ustedes, ellos, ellas	pueden	salen	vuelven	ven

❶ **poder + 동사원형 (~할 수 있다)** : 허락이나 금지, 부탁, 능력, 가능성을 표현해요.

- ¿Puedes abrir la ventana? 창문을 열 수 있니?

- Podemos practicar español. 우리는 스페인어를 연습할 수 있다.

❷ **salir (나가다, 출발하다)**

■ salir de ~ (~에서 나가다)
- Salimos del cafe. 우리는 카페에서 나간다.

■ salir a + 동사원형 (~하러 나가다)
- Salgo a comprar pan. 나는 빵을 사러 나간다.

❸ **volver (돌아오다, 돌아가다)**

■ volver de ~ (~에서 돌아오다)
- Volvemos de la universidad. 우리는 학교에서 돌아온다.

■ volver a ~ (~로 돌아가다)
- ¿Vuelves a Madrid? 너는 마드리드로 돌아가니?

❹ ver (보다)

· No vemos esa película.　　　　　　우리는 그 영화를 안 본다.

· ¿Ves mucho la televisión?　　　　너 TV 많이 보니?

4　ser 동사 (개최되다, 일어나다, 거행되다)

주어의 특징을 나타내는 기능 외에 '개최되다'의 의미로 쓰여요.

· La clase es mañana a las once.　　수업은 내일 11시에 있다(개최된다).

· El examen es en la sala B.　　　　시험은 강의실 B에서 있다.

5　mucho (많은, 많이), muy (매우)

■ **mucho/a/os/as + 명사**　　· Hay muchas tiendas aquí.
　　　　　　　　　　　　　　　여기에 많은 상점들이 있다.

■ **동사 + mucho**　　　　　　· Usted trabaja mucho.
　　　　　　　　　　　　　　　당신은 일을 많이 하시는군요.

■ **muy + 형용사 / 부사**　　· Subin es muy buena estudiante.
　　　　　　　　　　　　　　　수빈은 아주 좋은 학생이다.

6　기수 31~100

31 treinta y uno/a	50 cincuenta	70 setenta	90 noventa
39 treinta y nueve	55 cincuenta y cinco	72 setenta y dos	93 noventa y tres
40 cuarenta	60 sesenta	80 ochenta	100 cien(to)
41 cuarenta y uno/a	67 sesenta y siete	86 ochenta y seis	

31부터 99는 두 자릿수를 y로 연결해요. 100은 cien이며, 명사나 100보다 큰 수 앞에서는 cien을 쓰고, 100보다 작은 수 앞에서는 ciento를 써요.

· Hay cien chicos y cien chicas.　　100명의 소년들과 100명의 소녀들이 있다.

· Tengo ciento diez euros.　　　　나는 110유로를 가지고 있다.

Granada

Track 08-03

★ 몸(el cuerpo)

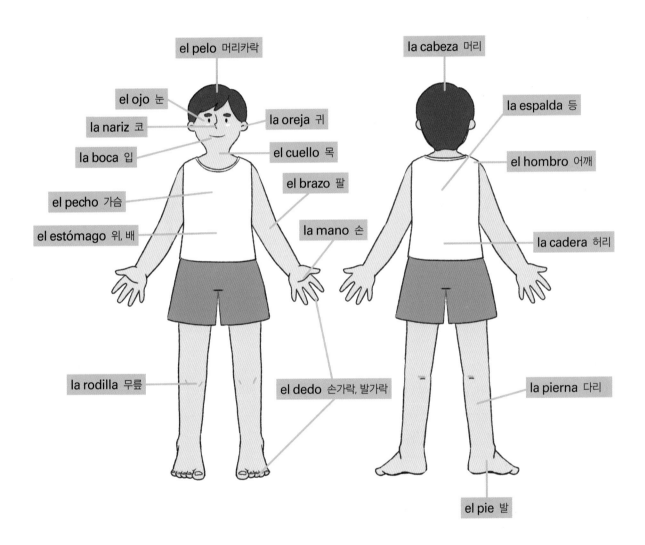

el pelo 머리카락

la cabeza 머리

el ojo 눈

la oreja 귀

la nariz 코

la espalda 등

la boca 입

el cuello 목

el hombro 어깨

el brazo 팔

el pecho 가슴

el estómago 위, 배

la mano 손

la cadera 허리

la rodilla 무릎

el dedo 손가락, 발가락

la pierna 다리

el pie 발

실력 높이 GO!

Ibiza

A ¿Qué hora es? 질문에 대답해 보세요.

1.

_____

2.

_____

3.

_____

4.

_____

B <보기>처럼 volver, poder, ver, salir 동사의 활용형을 알맞게 써보세요.

보기	salir	salgo (yo)	sale (él)

1. volver _____ (yo) _____ (ellos)

2. poder _____ (yo) _____ (nosotros)

3. ver _____ (yo) _____ (ella)

4. salir _____ (tú) _____ (ustedes)

C Daun이 주중에 한 일을 <보기>처럼 써보세요.

> **보기**　　lunes 11:00 / ir al médico　→　Va al médico el lunes a las once.

1. martes 13:45 / comer con Luis

　　→ _____

2. miércoles 12:00 / viajar a Salamanca

　　→ _____

3. jueves 10:30 / hablar con la profesora

　　→ _____

D Elena의 이야기를 듣고 빈칸에 들어갈 시각을 써보세요.　　🎧 Track 08-04

Elena normalmente va a clase **1.** _____ de la mañana y vuelve a casa

2. _____. Por la tarde estudia y cena **3.** _____ con su familia. Luego, ve

la tele y va a la cama **4.** _____.

E 빈칸에 mucho/a와 muy 중 알맞은 말을 골라 써보세요.

1. No puedo comprar este coche. Es _____ caro.

2. La profesora tiene _____ libros en casa.

3. Bebemos _____ agua.

4. El padre de Teresa está _____ enfermo.

comprar 구입하다 **caro/a** 값비싼 **beber** 마시다 **agua** f. 물

정답

A 1. Son las ocho y quince/cuarto. **2.** Son las once y veinticinco.
   3. Son las doce y cincuenta y cinco. 또는 Es la una menos cinco. **4.** Son las cuatro y treinta/media.

B 1. vuelvo, vuelven **2.** puedo, podemos **3.** veo, ve **4.** sales, salen

C 1. Come con Luis el martes a las trece y cuarenta y cinco. 또는 Come con Luis el martes a la una y
   cuarenta y cinco. **2.** Viaja a Salamanca el miércoles a las doce. **3.** Habla con la profesora el jueves a
   las diez y treinta/media.

D 1. a las siete y treinta/media **2.** a la una y treinta/media **3.** a las ocho **4.** a las once

E 1. muy **2.** muchos **3.** mucha **4.** muy

스페인어권 세계 만나GO!

Spain

스페인의 관습

1. "Cumpleaños feliz"(생일 축하 노래)

*Happy birthday to you*라는 생일 축하 노래는 너무나 유명하여 스페인어로도 Cumpleaños Feliz꿈쁠레아뇨스 펠리쓰라고 불러요. 나라마다 가사가 약간 달라요. 한편, 스페인에서는 가족이나 친구가 생일을 맞이한 사람의 귀를 나이만큼 잡아당기는 풍습이 있으며, 식사나 음료는 생일을 맞이한 사람이 지불하는 것이 관습이에요.

> *Cumpleaños feliz*
> *Cumpleaños feliz*
> *Te deseamos todos*
> *Cumpleaños feliz*

2. 전통 의상

오랜 세월 공존했던 이슬람의 영향을 받아서 자수 장식이 많고 보석을 장식이나 단추로 이용했던 관습이 남아있어요. 오늘날에는 특별한 행사나 페리아, 결혼식이나 세례식, 투우, 성 주간 행렬 등과 같은 드문 경우에만 착용하는데,  지역마다 고유한 전통 의상이 있지만 공통적인 요소로는 mantilla만띠야와 peineta뻬이네따를 들 수 있어요. 여성들이 사용하는 mantilla는 베일과 비슷한 형태로, 보통 실크와 레이스로  만들어요. peineta를 머리에 얹고 그 위를 덮어 어깨에서 허리까지 내려와요. peineta는 머리카락에 꽂아 쓰는 머리 장식으로 곡선의 몸체와 머리카락에 꽂는 긴 빗살이 있어요.

3. 결혼식

일반적으로 결혼식(la boda)은 성대하게 치러지며, 성당이나 시청 등의 결혼식장을 나오는 신랑과 신부에게 쌀이나 장미 꽃잎을 던지는 것은 가장 대표적인 전통이에요.

전통적인 스페인의 결혼식에는 신부나 신랑의 들러리가 없는 대신 신부의 아버지와 신랑의 어머니가 대부와 대모로서 함께 서요. 한편, 피로연에서 하객이 신부와 신랑에게 결혼식에 초대한 감사의 표시로 선물을 주는 것도 일반적이에요. 식사 도중 신랑, 신부 측에서도 답례품을 전달해요.

¿Qué tiempo hace en invierno?

Capítulo
09

¿Qué tiempo hace en invierno?

겨울에는 날씨가 어때요?

▲ MP3 음원

09강

\ **학습 목표**
날씨에 대해 묻거나 말할 수 있다.
어떤 일이 진행된 기간을 말할 수
있다.

\ **공부할 내용**
날씨 표현
경과된 기간 표현
decir 동사
빈도 표현

\ **주요 표현**
¿Qué tiempo hace?
Hace dos años que tengo la
bicicleta.
Ella dice que va a ir a la fiesta.

◀ 스페인 남부 안달루시아 지역의 전형적인
골목. 꽃나무로 장식된 집과 하얀색 벽이
특징이다.

💬 Diálogo 1 🎧 Track 09-01

페레스 선생님과 수빈이는 마드리드와 한국의 날씨에 대해서 이야기해요.

Profesora Pérez	¿Qué tiempo hace en invierno en Corea?
Subin	Hace frío y nieva bastante.
Profesora Pérez	¿Qué temperatura hace?
Subin	¿En invierno? Uy, hace mucho frío. A veces hace 10 grados bajo cero en Seúl.
Profesora Pérez	¡Qué frío!
Subin	Las cuatro estaciones en Corea son muy diferentes y hermosas. ¿Cómo es el invierno en Madrid? ¿Nieva mucho?
Profesora Pérez	No nieva normalmente. Llueve a veces. Pero nieva mucho en las montañas del norte de la ciudad. Muchos madrileños van a esquiar allí.

페레스 선생님 한국에서는 겨울에 날씨가 어떻니?

수빈 날씨가 춥고 눈이 꽤 와요.

페레스 선생님 몇 도인데?

수빈 겨울에요? 아휴, 엄청 추워요. 서울에서는 가끔 영하 10도예요.

페레스 선생님 정말 춥구나!

수빈 한국에서는 4계절이 무척 다르고 아름다워요. 마드리드에서의 겨울은 어떤가요? 눈이 많이 오나요?

페레스 선생님 보통은 눈이 안 온단다. 비가 가끔 오지. 하지만 이 도시 북부의 산지에는 눈이 많이 와. 많은 마드리드 사람들이 그곳으로 스키를 타러 가지.

 invierno m. 겨울 **frío/a** m. 추위 adj. 추운, 차가운 **nevar** 눈 오다 **temperatura** f. 기온, 온도 **grado** m. 도, 단계 **bajo cero** 영하 **diferente** 다른 **hermoso/a** 아름다운 **ciudad** f. 도시 **llover** 비 오다 **montaña** f. 산 **norte** m. 북쪽 **esquiar** 스키 타다

🎯 포인트 잡GO!

날씨 표현에 hacer 동사의 형태가 hace로 고정되어 변하지 않음에 유의해야 해요.

핵심 배우GO!

Barcelona

1 날씨와 기온 표현하기

• ¿Qué tiempo hace (hoy)?	(오늘) 날씨가 어때요?
• ¿Qué tiempo va a hacer (mañana)?	(내일) 날씨가 어때요?

💡 tiempo는 남성명사로서 '날씨', '시간' 등을 뜻해요.

• Hace (muy) buen tiempo.	(아주) 좋은 날씨예요.
• Hace (mucho) calor.	(아주) 더워요.
• Hoy llueve mucho.	오늘은 비가 많이 와요.
• Nieva un poco en Zamora.	사모라에 눈이 조금 와요.
• Hace quince grados.	15도예요.
• Hace dos grados bajo cero.	영하 2도예요.

💡 가까운 미래의 날씨는 'ir a + 동사원형'의 형식으로 표현할 수 있으며, 이 경우에 ir 동사의 형태는 va로 고정되어 변하지 않아요.

2 계절 말하기

• La primavera es mi estación favorita.	봄은 내가 좋아하는 계절이다.
• Hace mucho calor en verano.	여름에는 무척 덥다.
• Voy a viajar por Europa este otoño.	나는 이번 가을에 유럽을 여행할 거예요.
• No nieva mucho este invierno.	이번 겨울에는 눈이 많이 오지 않는다.

💡 '무슨 계절입니까?'는 ¿En qué estación estamos?라고 말할 수 있어요.

Madrid

Diálogo 2 🎧 Track 09-02

다운이와 루이스는 대화중에 공통점을 발견해요.

Daun	¿Vas mucho en bicicleta?	다운	너는 자전거를 많이 타고 다녀?
Luis	Sí, casi siempre, en primavera y en otoño.	루이스	응, 거의 항상, 봄과 가을에는.
Daun	¿Cuánto tiempo hace que tienes esa bicicleta?	다운	그 자전거를 가지고 있은 지 얼마나 되었어?
Luis	Hace cinco años. No está vieja, ¿verdad? Mi padre siempre dice que tienen que trabajar las piernas.	루이스	5년. 안 낡았지, 그렇지? 우리 아버지는 다리가 일을 해야 한다고 늘 말씀하셔.
Daun	Tiene razón. Yo también camino una hora cada día. Además, corro por el parque a menudo.	다운	옳은 말씀이야. 나도 매일 한 시간 동안 걸어. 게다가 자주 공원을 뛰어.
Luis	Yo casi nunca bebo alcohol. ¿Y tú?	루이스	나는 술을 거의 안 마셔. 너는?
Daun	Hace un año que bebo solo una copa de vino en la cena.	다운	저녁식사에 포도주 단 한 잔만 마신 지 1년 됐어.
Luis	Tenemos mucho en común.	루이스	우리는 공통점이 많구나.
Daun	Por eso, Elena dice que nosotros dos somos como dos gotas de agua.	다운	그래서 엘레나는 우리 둘이 붕어빵 이라고 말하지.

bicicleta f. 자전거　casi 거의　primavera f. 봄　otoño m. 가을　viejo/a 늙은, 낡은
decir 말하다　pierna f. 다리　razón f. 이성, 이유　caminar 걷다　además 게다가
correr por ~ ~을/를 뛰다　parque m. 공원　a menudo 자주　nunca 결코 (~ 않다/아니다)
beber 마시다　alcohol m. 알콜, 술　copa f. 잔　vino m. 포도주　en común 공통적으로
como ~처럼, ~같은　por eso 그래서　gota f. 방울　agua f. 물

Barcelona

핵심 배우GO!

① 어떤 일이 지속된 기간을 묻거나 말하기

- ¿Cuánto tiempo hace que Subin vive aquí?   수빈이가 여기 산 지 얼마나 됐니?

- Hace un año que vive aquí.   여기 산 지 1년 됐어.

- ¿Cuánto tiempo hace que estudias español?   너 스페인어를 공부한 지 얼마나 됐니?

- Hace tres meses que estudio español.   스페인어 공부한 지 3개월 됐어.

- ¿Cuánto tiempo hace que no llueve?   비가 안 온 지 얼마나 됐어?

- Hace tres semanas.   3주 됐어.

💡 이때 tiempo는 '시간'을 뜻하며 hace의 형태는 변하지 않아요.

② 말한 내용이나 말하는 행위 표현하기

- El niño dice: "Tengo hambre."   그 아이는 "배고파"라고 말한다.

- ¿Qué dices?   뭐라고 말하는 거니?

- Iván dice que va a llover esta tarde.   이반은 오늘 오후에 비가 올 거라고 말한다.

- ¿Hablas español?   너 스페인어 하니?

- No hay que hablar alto en la biblioteca.   도서관에서는 큰 소리로 말하면 안 된다.

- Ella no habla con Isabel.   그녀는 이사벨과 말하지 않는다.

💡 hablar와 decir 중 목적어와 함께 쓸 수 있는 동사는 decir에요. que는 관계사로 영어 *that*과 유사한 역할을 하는 것으로 생각하는 것이 편리해요.

문법 다지GO!

📍 Sevilla

1 날씨 표현

¿Qué tiempo hace (hoy)?	(오늘) 날씨가 어때요?

- Hace (muy) buen/ mal tiempo. 날씨가 (무척) 좋아요/ 나빠요.

- Hace (mucho) calor/ frío/ sol/ viento. 날씨가 (많이) 더워요/ 추워요/ 화창해요/ 바람 불어요.

- Hace fresco. 날씨가 쌀쌀해요.

- Nieva (mucho/ un poco). 눈이 (많이/조금) 와요.

- Llueve (mucho/ un poco). 비가 (많이/조금) 와요.

💡 nevar (눈 오다)
llover (비 오다)

- Hay nubes (= Está nublado). 구름이 끼었어요.

■ 가까운 미래의 날씨 표현

- ¿Qué tiempo va a hacer mañana? 내일 날씨가 어떨까요?

- Va a hacer frío. 날씨가 추울 거예요.

2 기온 표현

¿Qué temperatura hace (hoy)?	(오늘) 몇 도예요?

- Hace 20 grados (20°). 20도예요.

- Hace 5 grados (5°) bajo cero. 영하 5도예요.

💡 temperatura f. 기온

3 **Las estaciones del año** 계절 표현

primavera

verano

otoño

invierno

특정 계절의 일이나 사건은 en과 함께 쓰지만, este나 esta가 계절명 앞에 사용되면 이 지시사 앞에 en을 쓰지 않아요.

· Hace fresco en otoño. 가을에는 쌀쌀하다.

· Esta primavera llueve un poco. 이번 봄에는 비가 조금 온다.

· El verano es mi estación favorita. 여름은 내가 좋아하는 계절이다.

· Volvemos a Chile este invierno. 우리는 이번 겨울에 칠레로 돌아간다.

4 **경과된 기간 표현**

특이하게도 hacer 동사가 기간 표현과 함께 쓰여 어떤 일이 지속된 기간을 나타내요. 형태가 hace로 고정되어 변하지 않음에 유의해야 해요.

hace + 기간 (+ que ~)	(~ 한 지) ~ 되다

· ¿Cuánto tiempo hace que usted trabaja aquí? 이곳에서 일하신 지 얼마나 됐어요?

· Hace ocho meses (que trabajo en esta tienda). (이 상점에서 일한 지) 8개월 됐어요.

· ¿Cuántas horas hace que no comes nada? 너 아무 것도 안 먹은 지 몇 시간 됐어?

· Hace veinticuatro horas. 24 시간 됐어.

💡 año m. 해, 년   mes m. 월   semana f. 주   día m. 날   hora f. 시간   minuto m. 분

5 **decir 동사 (~을/를 말하다)**

yo	digo	nosotros/as	decimos
tú	dices	vosotros/as	decís
usted, él, ella	dice	ustedes, ellos, ellas	dicen

💡 decir 동사는 언어명과 함께 쓰지 않아요. Digo español.(X)

· No digo mentiras. 나는 거짓말을 하지 않는다.

· Ella dice que cenas hoy en casa. 그녀는 네가 오늘 집에서 저녁을 먹는다고 말한다.

· Marcos dice la verdad. 마르코스는 진실을 말한다.

💡 hablar(말하다) : 언어명은 예외적으로 함께 쓰지만 다른 목적어와는 함께 쓰지 않아요.
¿Hablas inglés?(○) / Hablo que él no cena hoy.(×) / Él habla mi nombre.(×)

6 **빈도 표현**

Irene
이레네는

siempre	항상
todos los días	매일
casi siempre	거의 항상
normalmente	보통
a menudo	자주
a veces	가끔

baila con Daniel.
다니엘과 춤을 춘다.

Ana
아나는

casi nunca	거의 (~ 않다/아니다)
nunca	결코 (~ 않다/아니다)

baila con Juan.
후안과 춤을 추지 않는다.

 Track 09-03

⭐ 시간이나 시기, 때와 관련된 어휘와 표현들

1. 오전에, 오후에, 밤에

■ **Por la mañana 오전에**

- Por la mañana **no trabajo.**　　　　　　　　오전에 나는 일을 안 한다.

- **Mañana** por la mañana **estoy en casa.**　　나는 내일 아침에 집에 있다.

- **Salgo de casa a las diez** de la mañana.　　나는 아침 10시에 집에서 나온다.

💡　de la mañana/ tarde/ noche : 시각과 함께 쓰여 오전과 오후의 시각을 구분해요.

■ **Por la tarde 오후에**

- Por la tarde **no trabajo.**　　　　　　　　오후에 나는 일을 안 한다.

- **Va a llover hoy** por la tarde.　　　　　　오늘 오후에 비가 올 것이다.

- **Vuelvo a casa muy** tarde.　　　　　　　나는 아주 늦게 집으로 돌아간다.

■ **Por la noche 밤에**

- Por la noche **no trabajo.**　　　　　　　　밤에 나는 일을 안 한다.

💡　mañana f. 아침 adv. 내일 / tarde f. 오후 adv. 늦게

2. 정오, 자정

■ **mediodía m. 정오**

- **Salgo de casa** al mediodía.　　　　　　　나는 정오에 집에서 나간다.

  = **Salgo de casa a las doce.**　　　　　　나는 12시에 집에서 나간다.

■ **medianoche f. 자정**

- **Vuelvo a casa** a la medianoche.　　　　　나는 자정에 집에 돌아간다.

  =**Vuelvo a casa a las doce.**　　　　　　나는 12시에 집에 돌아간다.

Ibiza

A 일기도를 보고 빈칸에 알맞은 날씨 표현을 써보세요.

1. En Cadiz _____.

2. En Alicante _____.

3. En Madrid _____.

4. En Barcelona _____.

5. En La Coruña _____.

B 빈도가 높은 순서대로 번호 1부터 7까지 써보세요.

1.   normalmente

2.   casi nunca

3.   siempre

4.   a veces

5.   casi siempre

6.   a menudo

7.   nunca

C 빈칸에 들어갈 알맞은 말을 <보기>에서 골라 써보세요.

| 보기 | llover   fresco   buen tiempo   frío   calor |

1. ¡Qué _____ ! ¡Hace 35 grados!

2. Está muy nublado. Pronto va a _____ .

3. Hace 10 grados bajo cero. ¡Qué _____ !

4. Hace _____ . Hace sol.

5. En otoño hace _____ en Corea.

D Subin과 Luis의 대화를 듣고 빈칸에 들어갈 말을 써보세요. 🎧 Track 09-04

1. La estación favorita de Subin es _____ porque hay muchas _____ y

   no hace mucho _____ .

2. La estación favorita de Luis es _____ porque hace mucho frío y

   _____ . Las _____ son muy largas.

favorito/a 좋아하는 **largo/a** 긴

E 빈칸에 들어갈 알맞은 말을 골라보세요.

1. Hay muchas flores a I para I en primavera.

2. Voy a comer algo al I por el I en el mediodía.

3. Hago ejercicio todos los días de I por I a la tarde.

4. Elena y yo vamos en I con I a veces al zoo.

스페인어권 세계 만나GO!

스페인의 식사 관련 관습

아침 식사(desayuno)는 보통 아침 7시~9시경 시리얼이나 토스트, 크루아상, 커피나 주스 등으로 집에서 하거나 바에서 하기도 해요. 하지만 10시쯤까지 미뤘다가 10:30부터 정오까지 바에서 음료와 tapas따빠스 등의 음식을 즐기는 경우도 있어요.

menú

하루 중 가장 중요한 식사는 점심(comida 또는 almuerzo)이며, 보통 오후 1시에서 3시 사이에 해요. 보통은 가벼운 첫 번째 요리(스프, 샐러드, 파스타 등), 좀 더 묵직한 두 번째 요리(육류나 생선 등), 디저트(과일 또는 케이크 등) 등의 여러 코스로 구성되어요. 이어 커피나 단맛의 후식주를 들 수도 있어요. 모든 식사에는 항상 빵이 제공되고 음료를 함께 주문해요.

이후 오후 5시경까지는 대부분의 상점이 문을 닫아요. 전통적으로 점심 식사는 한 시간 이상을 할애하여 천천히 즐기지만 그렇지 않은 직장인들도 많아요. 위에서 언급한 코스 요리 몇 가지를 menú del día메누 델 디아라는 이름으로 선정하여 조금 저렴하게 판매하는 식당들이 대부분이에요.

오후 5시를 전후하여 먹는 간식을 merienda메리엔다라고 하며, 특히 어린이들에게 중요해요. 보통은 빵과 함께 가공육의 일종인 jamón하몽이나 chorizo초리쏘 등을 곁들여 먹어요.

저녁 식사는 점심과 비슷하지만 주중에는 밤 9시에서 10시 사이에 더 가볍게 해요. 밖에서 tapas로 대체하는 경우도 많아요.

스페인 사람들은 친구들과 저녁을 먹으며 함께 술을 마시는 것을 좋아해요. 주말에는 밤 11시경에 친구들을 만나 술을 마시고 밤 12시 또는 새벽 1시가 되어 춤을 추고 놀다가 churros추로스와 chocolate caliente(핫 초코) 또는 커피를 먹은 뒤 첫차를 타고 집으로 돌아가는 젊은이들을 자주 볼 수 있어요.

churros con chocolate

tapas

Quiero ver el precio.

Capítulo
10

Quiero ver el precio.

가격을 보고 싶어요.

▲ MP3 음원

10강

＼ 학습 목표
가격을 묻거나 말할 수 있다.
querer 동사를 사용할 수 있다.

＼ 공부할 내용
querer 동사
색 형용사
가격 표현
101~1000

＼ 주요 표현
Quiero ver el precio.
El vestido es azul.
Vale 100 euros.

◀ EDM의 성지라고 불리는 이비자 섬.
5월부터 10월까지 전 세계에서 클럽과
파티를 즐기러 많이 찾는다.

Madrid

말문 트GO!

📋 Diálogo 1 🎧 Track 10-01

알렉스와 루이스는 함께 저녁식사 준비를 해요.

Álex	Luis, tengo hambre. ¿Hay que esperar mucho?
Luis	Es que la cena no está lista.
Álex	¿Necesitas ayuda?
Luis	Sí. Necesito un poco de vino blanco para las gambas.
Álex	Aquí tienes, pero hay poco. ¿Y qué más?
Luis	¿Dónde están las naranjas? Quiero hacer ensalada de frutas.
Álex	Aquí están. ¿Qué más?
Luis	Oye, necesitas un poco de paciencia. Ya van a llegar los padres.
Álex	Vale. Puedo esperar porque quiero mucho a nuestros padres.
Luis	Eso está bien. Pongo un poco de mayonesa aquí, y ya está.

알렉스	루이스, 나 배고파. 많이 기다려야 해?
루이스	저녁식사가 준비 안 됐어.
알렉스	도움이 필요해?
루이스	그래. 새우를 위해 약간의 백포도주가 필요해.
알렉스	여기 있어. 하지만 거의 없네. 뭐 더 필요해?
루이스	오렌지 어디 있어? 과일 샐러드를 만들고 싶어.
알렉스	여기 있어. 뭐가 더 필요해?
루이스	얘, 너는 약간의 인내심이 필요해. 이제 부모님이 도착하실 거야.
알렉스	알았어. 나는 우리 부모님을 무척 사랑하기 때문에 기다릴 수 있어.
루이스	그건 좋네. 여기에 약간의 마요네즈를 올리고, 이제 다 됐어.

esperar 기다리다, 기원하다 **es que ~** ~때문이다 **estar listo/a** 준비가 되다 **necesitar** 필요하다
ayuda f. 도움 **un poco** 조금, 약간 **poco/a** 거의 ~없는/않는 **blanco/a** 흰색의 **gamba** f. 새우
más 더 **naranja** f. 오렌지 **querer** 원하다, 사랑하다 **ensalada** f. 샐러드 **fruta** f. 과일
paciencia f. 인내심 **ya** 이미, 이제 **poner** 놓다, 두다 (pongo, pones, pone, ponemos, ponéis, ponen)
ya está 다 됐다

Barcelona

① 원하는 것과 사랑하는 사람 표현하기

- ¿Qué quieres hacer en el futuro?   너는 미래에 무엇을 하고 싶니?
- Quiero ser piloto.   파일럿이 되고 싶어.

- ¿Quieres a tus padres?   너는 네 부모님을 사랑하니?
- ¿A quién quieres más? ¿A mamá o a papá?   누구를 더 사랑해? 엄마야 아빠야?

💡 동사가 특정한 사람이나 동물을 직접목적어로 쓸 때 반드시 전치사 a를 그 앞에 배치해요.

② 많거나 적은 양 표현하기

- Tengo muchos amigos.   나는 많은 친구들이 있다.
- Tengo pocos amigos.   나는 친구가 거의 없다.

- Tengo mucho tiempo.   나는 많은 시간이 있다.
- Tengo un poco de tiempo.   나는 약간의 시간이 있다.

- Ella estudia mucho.   그녀는 공부를 많이 한다.
- Ella estudia poco.   그녀는 공부를 거의 안 한다.

- Daniel está muy ocupado.   다니엘은 무척 바쁘다.
- Daniel está un poco ocupado.   다니엘은 조금 바쁘다.

💡 un poco가 있는 그대로는 세는 것이 불가능한 명사(액체류나 개념, 공기, 돈, 시간 등)를 수식하는 경우 'un poco de + 명사'의 형식이 되어요.

말문 트GO!

Madrid

Diálogo 2 🎧 Track 10-02

수빈이와 엘레나는 예쁜 원피스를 보러 매장으로 들어가요.

Subin	¡Qué precioso! Mira aquel vestido.
Elena	¿Cuál? ¿El rojo?
Subin	No, está a su lado. ¿No ves?
Elena	¿De qué color es? Es que no veo.
Subin	Es azul. ¿Entramos? Quiero ver el precio.

[...]

Subin	¡Uy! ¡Qué caro es!
Elena	¿Cuánto vale?
Subin	Vale 500 euros.
Elena	Aquí hay más vestidos. Mira, este vale 420 euros y este, 380.
Subin	Esos vestidos no tienen precios asequibles tampoco.

수빈 정말 예쁘다! 저 원피스 좀 봐.

엘레나 어떤 것? 빨강색?

수빈 아니, 그 옆에 있어. 안 보여?

엘레나 무슨 색인데? 나 안보여서 그래.

수빈 파란색이야. 우리 들어갈까? 가격을 보고 싶어.

[...]

수빈 어머! 너무 비싸다!

엘레나 얼마인데?

수빈 500 유로야.

엘레나 여기 더 많은 원피스들이 있어. 좀 봐, 이것은 420 유로이고 이것은 380이야.

수빈 그 원피스들도 역시 쉽게 살 수 있는 가격이 아니야.

---

precioso/a 예쁜, 귀중한, 소중한　　**vestido** m. 원피스, 드레스　　**rojo/a** 빨간색의
a mi/tu/su lado 나/너/당신/그/그녀의 옆에　　**color** m. 색깔　　**entrar** 들어가다
precio m. 가격　　**caro/a** 값비싼　　**valer** (~의) 가치가 있다　　**tampoco** ~도 역시 아니다/않다
asequible 저렴한, 구입할 수 있는

포인트 잡GO!

보통 문답이 동일한 구조를 이루므로 de와 함께 색깔이 배치되는 표현 구조(Es de color blanco)는 색깔을 질문할 때도 de와 함께 색깔을 묻는 qué color가 배치되어 de qué color의 구조를 나타내요.

1 색깔을 묻거나 말하기

- ¿De qué color es su camisa? 그의 셔츠는 무슨 색이야?

- Es blanca. / Es de color blanco. 흰색이야.

- ¿De qué color son los zapatos? 신발은 무슨 색이야?

- Son negros. / Son de color negro. 검은색이야.

💡 색채어 중 rosa(분홍색), naranja(주황색), marrón(밤색), violeta(연보라색), azul(파란색), verde(초록색), gris(회색)는 수식하는 명사의 성에 따라 형태가 바뀌지 않아요.

2 가격을 묻거나 말하기

- ¿Cuánto vale este abrigo? 이 코트는 얼마예요?

- Vale doscientos euros. 200 유로입니다.

- ¿Cuánto cuestan estos zapatos? 이 신발은 얼마예요?

- Cuestan ciento diez euros. 110 유로입니다.

- ¿Cuánto es? 얼마예요?

- Son cien euros. 100 유로입니다.

- ¿Cuánto es? 얼마예요?

- Es un euro. 1유로입니다.

💡 ¿Cuánto es?는 특정한 주어를 수반하지 않는 경우가 많아요.

Sevilla

① querer 동사

yo	quiero	nosotros/as	queremos
tú	quieres	vosotros/as	queréis
usted, él, ella	quiere	ustedes, ellos, ellas	quieren

❶ querer + 명사 : ~을/를 원하다

· ¿Quiere usted café?　　　　　　　　　커피 드시겠습니까?

· No queremos guerra.　　　　　　　　우리는 전쟁을 원하지 않는다.

❷ querer + 동사원형 : ~하고 싶다

· Quiero hablar bien español.　　　　　나는 스페인어를 잘 구사하고 싶다.

· ¿Qué quieres hacer hoy?　　　　　　오늘 뭐 하고 싶니?

❸ querer a + 사람이나 동물 : ~을/를 사랑하다

· Quiero mucho a mis abuelos.　　　　나는 조부모님을 무척 사랑한다.

· Ellos quieren mucho a su gato.　　　그들은 자신들의 고양이를 무척 사랑한다.

② 특정한 사람 직접목적어 앞에 쓰는 a

· ¿Quieren a Ana?　　　　　　　　　　그들은 아나를 사랑합니까?

· Voy a ayudar al profesor.　　　　　나는 선생님을 도와드릴 것이다.

3 **un poco(조금) / un poco de~ (~ 조금) / poco(거의 ~않다/없다)**

동사 + un poco / poco	· Trabajo un poco / poco. 나는 일을 <u>조금 / 거의 안</u> 한다. · Ella camina un poco / poco. 그녀는 <u>조금 / 거의 안</u> 걷는다.
un poco / poco + 형용사 / 부사	· Estoy un poco / poco cansada. 나는 <u>조금 / 거의 안</u> 피곤하다. · Mi casa está un poco / poco lejos. 내 집은 <u>조금 / 거의 안</u> 먼 곳에 있다.
un poco de + 셀 수 없는 명사	tiempo(시간) 등의 추상명사와 agua(물) 등의 액체는 그 자체로는 세는 것이 불가능한 명사예요. 셀 수 있는 명사들은 숫자 등을 이용해 수량을 나타내요. · Tengo un poco de dinero. 나는 약간의 돈을 가지고 있다. · ¿Bebes un poco de agua? 너 약간의 물을 마실래?
poco/a/os/as + 명사	모든 명사가 거의 없다고 할 때는 성과 수를 일치해서 써요. · Hay poca agua. 물이 거의 없다. · Tenemos pocos clientes. 우리는 손님이 거의 없다.

4 **가격 표현하기**

~은/는 얼마입니까?	~입니다
¿Cuánto vale / valen + 단수 / 복수명사? ¿Cuánto cuesta / cuestan + 단수 / 복수명사?	Vale / Valen + 가격 Cuesta / Cuestan + 가격

valer와 costar 동사를 이용해요. 주어가 단수냐 복수냐에 따라 동사의 형태가 결정되어요.

· ¿Cuánto vale esta televisión? 이 TV는 얼마입니까?

· Vale novecientos noventa y nueve euros. 999 유로입니다.

· ¿Cuánto cuestan estos pendientes? 이 귀걸이는 얼마입니까?

· Cuestan ciento quince euros. 115 유로입니다.

얼마입니까?	~입니다
¿Cuánto es?	Es 1 euro / 1 dólar / 1 won. Son 101 euros / 201 dólares / 301 wones.

총액을 묻는 질문이며, 동사의 형태가 바뀌지 않고 보통 주어를 쓰지 않아요. 대답의 경우 금액에 따라 ser 동사의 단수형과 복수형으로 구분하여 써요.

5 Colores 색깔

가리키는 명사의 성·수에 형태를 일치하지만 naranja, rosa, violeta, azul, verde, marrón, gris는 성에 따른 형태가 바뀌지 않아요.

¿De qué color es / son ~? (무슨 색입니까?)   Es / Son ~ 또는 Es / Son de color ~ (~ 색입니다)

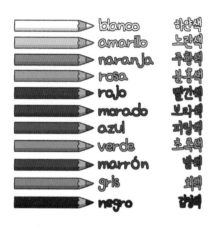

blanco 하얀색
amarillo 노란색
naranja 주황색
rosa 분홍색
rojo 빨간색
morado 보라색
azul 파랑색
verde 초록색
marrón 밤색
gris 회색
negro 검정색

- ¿De qué color es la camiseta?
  티셔츠는 무슨 색입니까?

- Es naranja. / Es de color naranja.
  주황색이에요.

- ¿De qué color son los pantalones?
  바지는 무슨 색입니까?

- Son amarillos. / Son de color amarillo.
  노란색이에요.

6 기수 101~1000

101 ciento uno/a	**400** cuatrocientos/as	**800** ochocientos/as
200 doscientos/as	**500** quinientos/as	**900** novecientos/as
211 doscientos/as once	**600** seiscientos/as	**1000** mil
300 trescientos/as	**700** setecientos/as	

200~999는 명사에 성을 일치시켜요. mil(천)은 un mil이라 하지 않고 형태가 바뀌지 않아요.

- Hay doscientas personas en la plaza.   광장에 200명의 사람들이 있다.

- Este ordenador vale quinientos veinte euros.   이 컴퓨터는 520 유로이다.

- Vendemos mil coches cada mes.   우리는 매달 천 대의 자동차를 판매한다.

Granada

어휘 늘리GO!

🎧 Track 10-03

⭐ 옷과 장신구 (Ropa y accesorios)

의류

el abrigo
코트

los vaqueros
청바지

la camisa
셔츠

la camiseta
티셔츠

el traje
정장

el jersey
스웨터

el vestido
원피스

la falda
치마

장신구

la gorra
모자

los guantes
장갑

el collar
목걸이

las gafas de sol
선글라스

el bolso
핸드백

el cinturón
벨트

el anillo
반지

el reloj
시계

실력 높이 GO!

A 빈칸에 querer 동사의 활용형을 알맞게 써보세요.

1. ¿ _____ (tú) tomar un taxi?

2. Ella _____ mucho a su hermana.

3. ¿ _____ (Pablo y tú) pizza para la cena?

4. _____ (yo) ver una película.

B 빈칸에 mucho/a, un poco, un poco de, poco 중 알맞은 말을 골라 써보세요.

1. No quiero comer ahora. No tengo _____ hambre.

2. **A :** ¿Hablas español?

   B : Sí, _____.

3. Quiero _____ agua. Tengo mucha sed.

4. No puedo salir esta noche. Tengo _____ dinero.

5. Necesito _____ pan para el sándwich.

6. **A :** ¿Cuántas naranjas tienes?

   B : Dos. Son _____ para una tarta.

tarta f. 케이크

C Subin과 점원의 대화를 듣고 빈칸에 들어갈 말을 알맞게 써보세요.　🎧Track 10-04

1. Subin quiere saber el precio de la falda ＿＿＿＿＿＿.

2. La falda blanca vale ＿＿＿＿＿＿ euros.

3. Hablan de las faldas ＿＿＿＿＿＿ y blanca.

falda f. 치마　**saber** 알다　**hablar de ~** ~에 대해 이야기하다

D 빈칸에 들어갈 말을 써보세요.

1.

A : ¿Cuánto ＿＿＿＿＿＿ esta camiseta?

B : ＿＿＿＿＿＿ veinte euros.

2.

A : ¿Cuánto ＿＿＿＿＿＿ estas gafas?

B : ＿＿＿＿＿＿ cincuenta euros.

3.

A : ¿Cuánto ＿＿＿＿＿＿ ?

B : ＿＿＿＿＿＿ sesenta euros.

camiseta f. 티셔츠　**gafas** f. 안경

E 질문에 대답해 보세요.

1. ¿De qué color es el cielo?

____

2. ¿De qué color es el tomate?

____

3. ¿De qué color son las nubes?

____

4. ¿De qué color es la naranja?

____

5. ¿De qué color es la hierba?

____

cielo m. 하늘 **nube** f. 구름 **hierba** f. 풀, 잔디

정답

A **1.** Quieres **2.** quiere **3.** Queréis **4.** Quiero

B **1.** mucha **2.** un poco **3.** mucha **4.** poco **5.** un poco de **6.** poco

C **1.** blanca **2.** treinta **3.** rosa

D **1.** vale, Cuesta **2.** valen, Cuestan **3.** es, Son

E **1.** Es azul (= Es de color azul). **2.** Es rojo (= Es de color rojo).
3. Son blancas (= Son de color blanco). **4.** Es naranja (= Es de color naranja).
5. Es verde (Es de color verde).

스페인어권 세계 만나GO!

Spain

스페인의 대표 이미지

1. 투우 (las corridas de toros)

야생 수소인 toro또로는 이베리아 반도의 자생 품종이에요. 투우뿐만 아니라 San Fermín산 페르민 축제의 황소 달리기에서도 볼 수 있어요. 3막으로 구성되는 투우는 18세기에 지금과 같은 모습을 갖추었는데, 투우사가 긴 칼로 수소의 숨골을 찔러 단숨에 죽이는 모습이 가장 인상적이지만 이것만으로 투우를 평가할 수 없다고 투우 옹호론자들은 주장해요.

그러나 동물 복지에 대한 시민 의식의 변화는 점차 입법화되고 있으므로 Canarias까나리아스와 Cataluña까딸루냐에서는 투우가 법으로 금지되었어요.

2. 오스보르네의 황소 (Toro de Osborne)

이는 약 14m 높이의 황소의 실루엣이에요. 주조 회사인 Osborne 그룹의 브랜디 Jerez Veterano헤레쓰 베떼라노를 홍보하기 위한 야외 대형 광고판으로 등장했으나 스페인 전역의 도로 옆과 언덕에 분포되어 시야에 쉽게 들어오기 때문에 점차 스페인 고유의 문화적 특성을 갖게 되면서 상업 브랜드의 한계를 넘어 스페인의 상징이 되었어요.

3. 플라멩코 (el flamenco)

각기 다른 전통과 규칙이 있는 노래, 연주, 춤으로 구성된 민속 예술이에요. 집시로부터 시작되었다고 하지만 18세기 Andalucía안달루씨아에서 집시 문화와 가톨릭의 영향을 받은 개종 무슬림들에게서 기원했다고 보는 것이 일반적이에요. 19세기에 스페인적인 것이 중시되면서 flamenco플라멩꼬가 유행하기 시작했고 대중의 취향에 따라 진화하며 전문화됐으며, 점차 스페인의 국가 이미지로 자리 잡았어요. 2010년 유네스코 무형문화유산으로 등재되었어요.

¿Cuándo se la regalamos?

Capítulo
11

¿Cuándo se la regalamos?

언제 그 애에게 그것을 선물할까?

▲ MP3 음원

11강

❯ **학습 목표**

직·간접 목적대명사에 대해 이해한다.
dar 동사를 사용할 수 있다.

❯ **공부할 내용**

직접목적대명사
간접목적대명사
dar 동사
preferir 동사

❯ **주요 표현**

Lo quiero para los churros.
¿Me das un vaso de agua?
Prefiero el café al chocolate.

◀ 알리칸테주에 위치한 해안 도시 칼페.
스페인의 휴양지로 바위 절벽에서의
암벽 등반이 유명하다.

말문트GO!

Madrid

💬 Diálogo 1 🎧 Track 11-01

엘레나와 다운은 카페에서 음식을 주문해요.

Camarero	Buenos días. ¿Qué queréis tomar?
Elena	¿Me pones un café con leche y unos churros?
Daun	Yo quiero un zumo de tomate. Ah, ¿me das un vaso de agua, por favor?
Camarero	Muy bien.
Daun	¿Por qué no le pides el azúcar?
Elena	¿Para los churros? Por favor, ¿me das un poco de azúcar?
Camarero	Cómo no. Ahora mismo os lo traigo.
Daun	Gracias. Elena, los españoles toman los churros con el chocolate caliente.
Elena	Sí, pero prefiero el café al chocolate para empezar la mañana.

종업원	안녕하세요. 무엇을 드실래요?
엘레나	제게 카페라테와 추로스를 주실래요?
다운	저는 토마토 주스를 원해요. 아, 물 한 잔 주시겠어요?
종업원	아주 좋네요.
다운	그에게 설탕을 좀 부탁하지 그래?
엘레나	추로스를 위해서? 제게 설탕 조금만 주실래요?
종업원	물론이죠. 지금 당장 그것을 가져다줄게요.
다운	고맙습니다. 엘레나, 스페인 사람들은 추로스를 핫 초코와 함께 먹잖아.
엘레나	그래. 하지만 나는 아침을 시작하기 위해서는 초콜릿보다 커피를 선호해.

camarero/a m.f. 종업원, 웨이터 **café** m. 커피, 카페테리아 **leche** f. 우유 **zumo** m. 주스
tomate m. 토마토 **me** 나에게/ 나를 **dar** 주다 **vaso** m. 컵 **por favor** 부디, 실례합니다
pedir 부탁하다, 주문하다 (pido, pides, pide, pedimos, pedís, piden) **azúcar** m.f. 설탕
cómo no 물론이죠 **ahora (mismo)** 지금 (당장) **os** 너희들에게/ 너희들을 **lo** 그를/ 그것을
traer 가지고 오다 **caliente** 뜨거운 **preferir** 선호하다 **empezar** 시작하다 (empiezo, empiezas,
empieza, empezamos, empezáis, empiezan) **mañana** f. 아침

Barcelona 핵심 배우GO!

① 목적어 '~을/를' 표현하기

- ¿Me quieres? 　　　　　　　　　　나를 사랑해?

- Te quiero mucho. 　　　　　　　　나는 너를 무척 사랑해.

- Ella los quiere ayudar. 　　　　　그녀는 그들을 도와주고 싶어한다.

💡 직접목적대명사 lo, la, los, las는 동사 앞에 위치하며 직접목적어의 성과 수에 일치해요.

② 목적어 '~에게' 표현하기

- ¿Me escribes tu nombre? 　　　　내게 네 이름을 써줄래?

- ¿Qué te pongo? 　　　　　　　　네게 무엇을 서빙해줄까?

- Le pido una Coca-Cola. 　　　　나는 그에게 코카콜라 하나를 주문한다.

💡 간접목적대명사 le, les는 동사 앞에 위치하며 간접목적어의 수에 일치해요.

③ 두 개의 목적어를 함께 사용하기

- ¿Tu libro? Te lo doy mañana. 　　네 책? 네게 그것을 내일 줄게.

- Os lo vamos a pintar. 　　　　　우리가 너희들에게 그것을 그려줄게.

- ¿Su número de teléfono? Te lo digo ahora. 　그의 전화번호? 지금 네게 그것을 말해줄게.

💡 항상 간접목적대명사가 직접목적대명사의 앞에 위치해요.

④ 선호하는 것 말하기

- ¿Cuál prefieres? 　　　　　　　너는 어떤 것을 선호해?

- Preferimos el blanco al rojo. 　　우리는 빨간색보다 흰색을 더 좋아한다.

- ¿Prefieren ustedes cenar aquí? 　당신들은 여기서 저녁 식사하는 것을 선호하세요?

💡 비교 대상을 'preferir A a B'의 구조로 제시할 수 있어요.

말문트GO!

📍 Madrid

Diálogo 2 🎧 Track 11-02

알렉스와 수빈이는 루이스의 생일 선물을 골라요.

Subin Aquella mochila es muy bonita.

Álex ¿Aquella azul? Pero es para chicos.

Subin ¿Por qué no se la regalamos a Luis para su cumpleaños? Dice que necesita una mochila nueva.

Álex ¡Buena idea! Yo pago la mitad del precio, pero no puedo dártela ahora porque llevo poco dinero.

Subin No te preocupes. ¿Cuándo se la regalamos? ¿El día de su cumple?

Álex Por supuesto. ¿Le escribes tú la tarjeta?

Subin Bueno, se la escribo yo.

Álex Mi hermano te va a llamar para invitarte a la fiesta de su cumple.

수빈 저 배낭 엄청 예쁘다.

알렉스 저 파란색? 하지만 남자들을 위한 것이잖아.

수빈 우리 루이스에게 생일 선물로 저것을 선물하는 것이 어때? 새 배낭이 필요하다고 말하잖아.

알렉스 좋은 생각이야! 내가 가격의 절반을 낼게. 하지만 돈을 거의 가지고 있지 않아서 지금 네게 그것을 줄 수는 없어.

수빈 걱정 마. 그 애에게 그것을 언제 선물하지? 그의 생일날?

알렉스 물론이지. 그에게 네가 카드를 쓸래?

수빈 알았어, 그 애에게 내가 그것을 쓸게.

알렉스 우리 형이 자신의 생일 파티에 너를 초대하기 위해 네게 전화를 할 거야.

---

mochila f. 배낭 **bonito/a** 예쁜, 귀여운 **regalar** 선물하다 **nuevo/a** 새로운
idea f. 생각, 아이디어 **pagar** 지불하다, 갚다 **mitad** f. 절반 **llevar** 가져가다, 지참하다
dinero m. 돈 **escribir** 쓰다, 필기하다 **tarjeta** f. 카드, 명함 **llamar** 부르다, 전화하다
invitar 초대하다 **fiesta** f. 파티

Barcelona

1 le와 les 대신 se 사용하기

- ¿Su libro? Se lo doy ahora.   당신 책이요? 당신에게 그것을 지금 드릴게요.

- ¿Este es su vaso? Se lo doy.   이게 당신의 컵인가요? 당신께 이것을 드리지요.

- ¿Me da usted las fotos?   저에게 사진들을 주실래요?

- Sí, se las doy ahora.   예, 당신에게 그것들을 지금 드리지요.

💡 간접목적대명사와 직접목적대명사가 모두 3인칭일 때 간접목적대명사 le, les를 se로 바꾸어요.

2 목적어의 위치 선택하기

- ¿Tu libro? Voy a dártelo mañana.   네 책? 네게 그것을 내일 줄게.

- ¿Tu libro? Te lo voy a dar mañana.   네 책? 네게 그것을 내일 줄게.

- ¿Me das tu móvil?   내게 네 휴대폰을 줄래?

- No, no puedo dártelo.   아니, 네게 그것을 줄 수 없어.
  (= No, no te lo puedo dar.)

💡 동사원형과 함께 쓰인 동사의 경우, 목적대명사는 이 동사구 앞에 위치하거나 동사원형 뒤에 위치할 수 있어요. 단, 동사원형 뒤에는 한 단어처럼 붙여 써요.

3 누군가에게 무언가를 '주다'라고 말하기

- Te doy una rosa.   나는 네게 장미 한 송이를 준다.

- ¿Me das tu opinión?   내게 네 의견을 주겠니?

- Te damos un regalo.   우리는 네게 선물을 준다.

- Os quiero dar las gracias.   나는 너희들에게 감사 인사를 건네고 싶다.

💡 dar는 목적어와 함께 쓰는 대표적인 동사예요.

1 직접목적대명사

나를	me	우리들을	nos
너를	te	너희들을	os
당신/그/그녀/그것을	lo/la	당신들/그들/그녀들/그것들을	los/las

❶ 동사 앞에 위치해요.

· Te quiero mucho.　　　　　　　　나는 너를 무척 사랑한다.

· Quiero a mis padres.　　　　　　나는 부모님을 사랑한다.

　→ Los quiero.　　　　　　　　　　나는 그분들을 사랑한다.

· ¿No compras esta camisa?　　　너 이 셔츠 안 사?

　→ ¿No la compras?　　　　　　　너 그것을 안 사?

❷ 동사가 동사원형(또는 현재분사)과 함께 구성되면 그 뒤에 붙여 쓸 수도 있어요. 동사의 강세
위치가 변하면 원래 강세 위치에 강세 부호를 첨가해요.

· Quiero comprarlo.　　　　　　　나는 그것을 사고 싶다.
　(= Lo quiero comprar.)

2 간접목적대명사

나에게	me	우리들에게	nos
너에게	te	너희들에게	os
당신/그/그녀/그것에게	le	당신들/그들/그녀들/그것들에게	les

❶ 동사 앞에 위치해요. 간접목적어와 간접목적대명사가 함께 사용되는 경우가 종종 있어요.

· ¿Me dice su nombre?　　　　　　제게 당신의 이름을 말씀해주실래요?

· Les digo mi nombre a ustedes.　당신들에게 제 이름을 말하겠습니다.

❷ 동사가 동사원형(또는 현재분사)과 함께 구성되면 그 뒤에 붙여 쓸 수도 있어요. 동사의 강세
위치가 변하면 원래 강세 위치에 강세 부호를 첨가해요.

· Queremos darte esta rosa.   우리는 네게 이 장미를 주고 싶다.
  (= Te queremos dar esta rosa.)

③ **직접목적대명사와 간접목적대명사를 함께 쓸 때**

❶ 간접목적대명사가 직접목적대명사 앞에 와요.

· ¿El coche? Mi padre me lo regala.   그 자동차? 아버지께서 내게 그것을 선물하신다.

· ¿Te la doy?   내가 너에게 그것을 줄까?

❷ 동사원형(또는 현재분사)과 함께 구성된 동사구는 직·간접목적대명사를 그 뒤에 붙여 쓸 수
도 있어요. 동사의 강세 위치가 변하면 원래 강세 위치에 강세 부호를 첨가해요.

· Él quiere dártelo.   그는 네게 그것을 주고 싶어 한다.
  (= Él te lo quiere dar.)

④ **간접목적대명사 le/les와 직접목적대명사 lo/la/los/las를 함께 쓸 때**

이 경우, 3인칭 간접목적대명사 le/les를 se로 바꾸어요. 이 se는 복수형이 없어요.

le / les + lo / la / los / las ➡ se + lo / la / los / las

Quiero darle esta camisa. ➡ Le la quiero dar. (X) ➡ Se la quiero dar. (O)

· ¿Le das tu camisa a tu hermano?   네 셔츠를 네 동생에게 줄래?

· Sí, se la doy. (Sí, le la doy [x])   응, 그 애에게 그것을 줄게.

· Queremos dársela.   우리는 그에게 그것을 주고 싶다.
  (= Se la queremos dar.)

· Estamos preparándoselo.   우리는 그에게 그것을 준비해주는 중이다.
  (= Se lo estamos preparando.)

5 **dar 동사 (주다)**

yo	doy	nosotros/as	damos
tú	das	vosotros/as	dais
usted, él, ella	da	ustedes, ellos, ellas	dan

목적어와 함께 쓰는 동사예요.

· ¿Me das tu número?   내게 네 (전화) 번호를 줄래?

· Sí, te lo doy.   응, 네게 그것을 줄게.

6 **preferir 동사 (선호하다/ 더 좋아하다)**

yo	prefiero	nosotros/as	preferimos
tú	prefieres	vosotros/as	preferís
usted, él, ella	prefiere	ustedes, ellos, ellas	prefieren

선호도를 표현하며, 'preferir A a B(B보다 A를 선호하다)'의 형식으로도 쓸 수 있어요.

· ¿Cuál prefiere usted? ¿El amarillo o el azul?   어떤 것을 선호하세요? 노란색 아니면 파란색이요?

· ¿Prefieres la carne al pescado?   너는 생선보다 육류를 더 좋아하니?

🎧 Track 11-03

⭐ 레스토랑 메뉴판 (La carta de restaurante)

MENÚ DEL DÍA 오늘의 메뉴/ 정식

De primero **첫 번째 요리**

Ensalada mixta 혼합 샐러드
Sopa de pescado 생선 스프
Espaguetis boloñesa 볼로네제 파스타

De segundo **두 번째 요리**

Pollo asado 오븐 구이 치킨
Lomo de cerdo 돼지 등심 구이
Merluza con mayonesa
마요네즈를 곁들인 메를루사 (대구과의 생선)

De postre **후식**

Tarta de chocolate 초콜릿 케이크
Helado de vainilla 바닐라 아이스크림
Fruta del tiempo 제철 과일

Bebidas **음료**

Agua 물
Refrescos 청량음료
Cerveza 맥주
Café 커피

Incluye: pan, bebida, postre o café 빵, 음료, 후식이나 커피 포함
Precio: 13,00 € IVA incl. 가격: 13 유로 (부가세 포함)

스페인에서는 레스토랑마다 가격이 정해진 정식 메뉴(세트 메뉴)를 제공하고, 손님들로 하여금 카테고리 별로 정해진 음식들 중 하나씩 선택하도록 해요. 보통 첫 번째 요리에서 하나, 두 번째 요리에서 하나, 음료를 선택하고 식사 이후에 후식을 골라요. 스페인어로 메뉴판은 la carta라고 하며, 위의 이미지는 정식 메뉴(menú del día)의 carta예요.

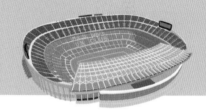

Ibiza

실력 높이 GO!

A 빈칸에 dar, preferir, pedir 동사의 활용형을 알맞게 써보세요.

1. A : ¿Cuál _____ (preferir) usted, la carne o el pescado?

 B : _____ (preferir) el pescado.

2. A : ¿Cuándo le _____ (tú, dar) el regalo a tu hija?

 B : Se lo _____ (dar) esta noche.

3. A : ¿Qué _____ (pedir) Pedro para comer?

 B : _____ (pedir) la ensalada griega y el kebab.

4. A : ¿Me _____ (dar) usted un poco de vino?

 B : Claro, se lo _____ (dar) ahora mismo.

carne f. 육류, 고기   **pescado** m. 생선   **hijo/a** m.f. 아들, 딸

B 밑줄 친 부분을 <보기>처럼 바꿔서 문장을 다시 써보세요.

> **보기**   Compramos <u>naranjas</u>. → Las compramos.

1. Quiero <u>unos zapatos nuevos</u>. → _____

2. Julia quiere <u>a su profesora</u>. → _____

3. Preferimos <u>el pan</u>. → _____

4. Él no quiere <u>mucho queso</u>. → _____

zapato m. 구두   **queso** m. 치즈

C 밑줄 친 부분을 <보기>처럼 바꿔서 문장을 다시 써보세요.

> **보기**   Doy una bufanda a Rosa. → Le doy una bufanda.

1. Vendo el coche a mi amigo. → _____

2. Ella compra regalos a sus hijas. → _____

3. Pongo las bebidas a los vecinos. → _____

4. No doy las flores a Elena. → _____

bufanda f. 목도리 **bebida** f. 음료 **vecino/a** m.f. 이웃사람

D 다음 이메일을 읽고 질문에 대답해 보세요.

> Hola, Irene :
>
> Te escribo para decirte que ya estoy en Seúl. Mi ordenador todavía está en una caja y no puedo usarlo. No puedo abrirla porque estoy muy ocupado. No tengo teléfono tampoco. Ahora estoy en un cibercafé y por fin puedo mandarte un e-mail. Estoy muy contento porque ya te puedo escribir y decir que estoy bien.
> ¿Cuándo te veo? ¿Tú también estás muy ocupada?
>
>   Un beso,
>   Marcos.

1. ¿Dónde está Marcos?

_____

2. ¿Por qué no puede usar Marcos su ordenador?

_____

3. ¿Por qué está contento Marcos?

_____

ordenador m. 컴퓨터   caja f. 상자   usar 이용하다   abrir 열다   tampoco ~ 역시 않다/아니다
por fin 마침내   mandar 우송하다, 부치다, 명령하다   contento/a 만족스러운   beso m. 키스

E 밑줄 친 부분을 <보기>처럼 바꿔서 문장을 다시 써보세요.

> 보기   Hacen la comida a Pedro. → Se la hacen.

1. Compramos una bicicleta a María.

→ _____

2. Te escribo una carta.

→ _____

3. Mario pide el coche a sus padres.

→ _____

4. Hacen una pregunta a la profesora.

→ _____

comida f. 식사, 점심식사   carta f. 편지, 메뉴   pregunta f. 질문

정답

A **1.** prefiere, Prefiero **2.** das, doy **3.** pide, Pide **4.** da, doy

B **1.** Los quiero. **2.** Julia la quiere. **3.** Lo preferimos. **4.** Él no lo quiere.

C **1.** Le vendo el coche. **2.** Ella les compra regalos. **3.** Les pongo las bebidas. **4.** No le doy las flores.

D **1.** Está en Seúl. **2.** Porque todavía está en una caja.
　　3. Porque ya le puede escribir a Irene y decirle que está bien.

E **1.** Se la compramos. **2.** Te la escribo. **3.** Mario se lo pide. **4.** Se la hacen.

스페인어권 세계 만나GO!

'옥수수 인간'으로 보는 Hispanoamérica 토착민의 대표 먹거리, 옥수수(maíz)

'마야인의 성서'라고 불리는 'Popol Vuh뽀뽈부'는 과테말라에서 가장 인구가 많은 마야 원주민 부족인 quiche끼체인들의 신화, 전설 및 역사적 이야기를 이중 언어로 편집한 책이에요. 마야인들의 지혜와 전통에 대해 다루는 동시에 세계와 문명의 기원과 관련된 종교, 점성술, 신화, 관습, 역사 등과 자연 현상에 대해서도 이야기하고 있어요. 이 책에서 마야인의 역사는 창조부터 1520년경까지이며, 첫 부분에서 세계의 기원이 인간 창조와 함께 기술되어요.

이 책에 의하면 고요했던 태초에 생명의 창조자가 있었어요. 이들은 말로써 땅과 강을 만들고 온갖 동물을 지었어요. 그러나 동물들은 신을 숭배할 줄 몰랐으므로 인간을 만들기에 이르렀어요. 먼저, 인간을 진흙으로 만들었으나 서거나 걷거나 번식할 수 없었으며 결국 무너지고 말았어요. 두 번째로, 인간을 나무로 만들었어요. 이들은 말하고 번식했기 때문에 큰 발전이었지만 기억력이 없어서 창조자들을 기억하지 못했어요. 창조자들은 송진의 비를 내려 이들을 몰살하였어요. 한참 후 창조자들은 인간의 육체에 실제로 들어가야 하는 것이 무엇인지 깨달았어요. 옥수수로 빚은 음식을 옥수수로 빚은 인간에게 먹였더니 피로 변하면서 최초의 인간이 탄생했어요. 이들은 창조자들을 숭배할 줄 알았어요.

이와 같이 옥수수는 마야뿐만 아니라 문화적인 공통점이 있는 북아메리카와 중앙아메리카의 문명에서 상징적인 필수 먹거리였어요. 옥수수는 약 9천 년 이전부터 경작한 것으로 알려진 토착 작물로서 16세기에 유럽으로 전파되었어요. 오늘날 전 세계적으로 생산량이 가장 많은 곡물이에요.

tortilla

스페인 정복 이전 시대의 토착민들, 그리고 오늘날까지도 옥수수로 만든 tortilla또르띠야와 tamal따말 등의 음식은 이 지역 사람들의 식단에서 가장 근본적인 먹거리라고 할 수 있어요. 이 또르띠야는 tacos따꼬, quesadillas께사디야, chilaquiles칠라낄, enchiladas엔칠라다, flautas플라우따 등을 포함한 수많은 음식의 기본 재료예요.

tamal

Sé que la comida
coreana está de moda.

Sé que la comida coreana está de moda.

한국음식이 유행이라는 것을 알아.

▲ MP3 음원

12강

＼ 학습 목표

saber 동사와 conocer 동사를 구분할 수 있다.
서수를 알고 사용할 수 있다.

＼ 공부할 내용

saber 동사
conocer 동사
감탄문의 구성
서수
1001 이상의 기수

＼ 주요 표현

Vas a saber cómo es.
Conozco un buen restaurante.
Este es el primer plato.

◀ 마드리드에 위치한 마요르 광장 뒤쪽의 오래된 거리이다.

말문 트GO!

💬 Diálogo 1 🎧 Track 12-01

수빈이와 엘레나는 한국 레스토랑에 가요.

Subin	¡Qué hambre tengo!
Elena	¿Por qué no comemos ya? Es la una. ¿Vamos a un restaurante coreano?
Subin	De acuerdo. Conozco un buen restaurante.
Elena	¡Qué guay! Sé que la comida coreana está de moda en todo el mundo. Yo también quiero probarla.
Subin	Genial. Hoy vas a saber cómo es.
Elena	Oye, ¿en la comida coreana también hay primer plato y segundo como en España?
Subin	No, sirven todos los platos a la vez. Por cierto, conozco al cocinero del restaurante.
Elena	¿De verdad? ¿Cómo lo conoces?
Subin	Es mi vecino. Para llegar allí, primero vamos a coger autobús y, luego, vamos a andar un poco.

수빈	정말 배고프네!
엘레나	우리 이제 점심 먹을까? 1시야. 우리 한국 레스토랑에 갈까?
수빈	좋아. 좋은 식당을 알고 있어.
엘레나	아주 좋아! 한국 요리가 전 세계에서 유행이라는 것을 알아. 나도 먹어보고 싶어.
수빈	멋지네. 그것이 어떠한지 오늘 알게 될 거야.
엘레나	얘, 한국 식사에도 스페인에서처럼 첫 번째 요리와 두 번째가 있어?
수빈	아니, 모든 요리를 한꺼번에 제공해. 참, 나 그 레스토랑의 요리사를 알고 있어.
엘레나	진짜? 어떻게 그분을 아는 거야?
수빈	내 이웃이거든. 그곳에 도착하기 위해 우선 우리 버스를 탈거야. 그리고 그다음에 조금 걸을 거야.

conocer 알다 **saber** 알다 **que** 관계사 **comida** f. 음식, 점심 식사 **estar de moda** 유행하다 **guay** 너무 좋은 **mundo** m. 세계 **probar** 맛보다, 시험해보다 **genial** 끝내주는, 멋진 **primero/a** 첫 번째의 **segundo/a** 두 번째의 **servir** 제공하다, 쓸모 있다 (sirvo, sirves, sirve, servimos, servís, sirven) **a la vez** 동시에, 한꺼번에 **cocinero/a** m.f. 요리사 **coger** 잡다, 쥐다, 타다 (cojo, coges, coge, cogemos, cogéis, cogen) **andar** 걷다

핵심 배우GO!

Barcelona

1 알고 있다고 말하기

- Sé tu nombre.   나는 너의 이름을 안다.
- Sabes mi nombre.   너는 나의 이름을 안다.

- Ella sabe nadar.   그녀는 수영할 줄 안다.
- Sabemos hablar español.   우리는 스페인어를 말할 줄 안다.

- Sabéis que vivo en Madrid.   너희는 내가 마드리드에 사는 것을 안다.
- Sé dónde vive Luis.   나는 루이스가 어디에 사는지 안다.

  💡 함께 쓰는 목적어의 유형을 아는 것이 중요해요.

2 '사람을 알고 있다', '장소를 가봤다'고 말하기

- ¿Conoces a Marcos?   너는 마르코스를 아니? (만나봤니?)
- Pablo conoce a mi madre.   파블로는 우리 어머니를 안다. (만나봤다)

- Ella conoce Seúl.   그녀는 서울을 안다. (가봤다)
- ¿Conocen ustedes Barcelona?   당신들은 바르셀로나를 아세요? (가봤어요?)

  💡 목적어가 사람이나 장소일 때 사용하는 동사예요.

3 서수 표현하기

- Mi primer hijo se llama Carlos.   내 첫 아들은 이름이 카를로스라고 한다.

- Somos sus primeros estudiantes.   우리는 그의 첫 번째 학생들이다.

  💡 primero와 tercero는 남성명사 단수형 앞에서 각각 primer, tercer가 되어요.

말문 트GO!

Diálogo 2 🎧 Track 12-02

엘레나는 부모님께 이 레스토랑을 소개하고 싶어 해요.

Elena	¡Qué buena está la carne!
Subin	Se llama *Galbi*. Estos platos pequeños también están buenos.
Elena	Sí, son muy especiales.
Subin	¡Cómo comes! No necesitas acabar el *Kimchi*.
Elena	Es que está muy rico. Quiero presentarles a mis padres este restaurante. ¡Por favor! ¿Qué día cierra el restaurante?
Camarera	Abrimos de martes a domingo.
Elena	Muchas gracias.
Subin	Oye, veo que ya sabes utilizar los palillos.
Elena	Claro, no es tan difícil. Como ya sé los nombres de estas comidas, se las puedo enseñar a mis padres.

엘레나	이 고기 진짜 맛있다!
수빈	갈비라고 해. 이 작은 요리들도 맛있어.
엘레나	그래, 엄청 특별해.
수빈	너 정말 잘 먹네! 김치를 다 끝낼 필요는 없어.
엘레나	아주 맛있어서 그래. 부모님께 이 레스토랑을 소개하고 싶어. 실례합니다! 어느 요일에 식당이 닫나요?
종업원	저희는 화요일부터 일요일까지 영업합니다.
엘레나	대단히 감사합니다.
수빈	얘, 너는 이미 젓가락 사용하는 법을 아는 것 같네.
엘레나	물론이지, 그다지 어렵지 않아. 내가 이제 이 음식들의 이름을 아니까 부모님께 알려드릴 수 있어.

carne f. 고기, 육류   **pequeño/a** 작은, 어린   **acabar** 끝내다, 마치다   **rico/a** 부유한, 풍부한, 맛있는
preguntar 질문하다   **presentar** 소개하다   **cerrar** 닫다   **abrir** 열다   **utilizar** 이용하다
palillo m. 젓가락, 꼬챙이   **tan(to)** 그렇게, 그다지   **difícil** 어려운   **nombre** m. 이름
enseñar 알려주다, 가르치다   **de ~ a ~** ~부터 ~까지

핵심 배우GO!

1 다양한 의문사 사용하기

- ¿Quiénes son aquellos señores?　　　저 분들은 누구세요?

- ¿Qué haces esta tarde?　　　너 오늘 오후에 뭐 하니?

- ¿Dónde trabaja usted?　　　당신은 어디에서 일하세요?

- ¿Cuándo llegas a casa, hija?　　　딸, 언제 집에 도착하니?

- ¿Cómo vas a clase?　　　너는 수업에 어떻게 가니?

- ¿Por qué no habla Carla?　　　카를라는 왜 말을 하지 않지?

- ¿Cuál de ellos es tu hermana?　　　그들 중에 어떤 사람이 네 동생이니?

- ¿Cuántas personas hay en la plaza?　　　광장에 몇 명의 사람들이 있어요?

💡 가리키는 대상의 성과 수에 따라 형태가 바뀌는 의문사에 주의해요.

2 감탄하기

- ¡Qué calor (hace)!　　　정말 더워!

- ¡Qué hambre (tiene el niño)!　　　(그 아이는) 배가 많이 고프네!

- ¡Qué rico está (el café)!　　　(이 커피는) 정말 맛있어!

- ¡Qué bien canta (Pedro)!　　　(페드로는) 노래를 정말 잘 하네!

- ¡Cómo cocina tu madre!　　　네 어머니는 정말 요리를 잘 하시는구나!

💡 형용사가 명사를 수식하고, 부사가 동사를 수식한다는 사실을 이해하는 것이 중요해요.

Sevilla

① saber 동사 (~을/를 알다, 할 줄 알다)

yo	sé	nosotros/as	sabemos
tú	sabes	vosotros/as	sabéis
usted, él, ella	sabe	ustedes, ellos, ellas	saben

다음의 목적어와 함께 써요.

- 명사   ¿Sabe ella mi nombre?   그녀가 내 이름을 알아?

- 동사원형   No sabemos hablar ruso.   우리는 러시아어를 할 줄 모른다.

- que 절   ¿Sabes que te quiero mucho?   내가 널 무척 사랑한다는 것을 아니?

- 의문문   ¿Sabes de dónde es la profesora?   너는 선생님이 어느 나라 분인지 아니?

💡 강세 부호가 없는 que는 뒤의 문장(절)을 연결하는 관계사예요.

② conocer 동사 (~을/를 알다)

yo	conozco	nosotros/as	conocemos
tú	conoces	vosotros/as	conocéis
usted, él, ella	conoce	ustedes, ellos, ellas	conocen

경험으로 알고 있는 사람이나 장소 등을 직접목적어로 써요. saber와 달리 동사원형이나 의문문, que 절은 목적어로 연결하여 쓸 수 없어요.

- 장소   José conoce muy bien París.   호세는 파리를 무척 잘 안다 (가봤다).

            ¿Conoces Barcelona?   바르셀로나를 알고 있니 (가봤니)?

- 사람   Conozco a sus padres.   나는 그의 부모님을 안다 (만나봤다).

            ¿Me conoce usted?   저를 아시나요 (만나본 적이 있나요)?

¿Conoces Madrid?　　vs　¿Sabes dónde está Madrid?
너 마드리드 아니(가봤니)?　　너 마드리드가 어디 있는지 아니?

Conozco a aquellos chicos.　vs　Sé quiénes son aquellos chicos.
나는 저 청년들을 안다.　　나는 저 청년들이 누구인지 안다.

3　감탄문의 구성

| 형용사 |
| ¡Qué + 부사 (+ 동사)(+ 주어)! |
| 명사 |

- ¡Qué inteligente (es)!　　엄청 똑똑해!
- ¡Qué bien (hablas)!　　진짜 말 잘해!
- ¡Qué frío (tengo)!　　엄청 추워!

| ¡Cómo + 동사 (+ 주어)! |

- ¡Cómo habla (Carlos)!　　어찌나 말을 잘 하는지!

4　서수

보통 정관사나 소유사와 함께 명사 앞에 쓰며, 명사의 성과 수에 형태를 일치해요.
primero와 tercero는 남성명사 단수형 앞에서 -o가 탈락한 primer, tercer로 써요.

1.º / 1.ª	primero/a, primer	6.º / 6.ª	sexto/a
2.º / 2.ª	segundo/a	7.º / 7.ª	séptimo/a
3.º / 3.ª	tercero/a, tercer	8.º / 8.ª	octavo/a
4.º / 4.ª	cuarto/a	9.º / 9.ª	noveno/a
5.º / 5.ª	quinto/a	10.º / 10.ª	décimo/a

- Hoy es mi primer día de clase.　　오늘은 내 첫 수업 날이다.

- Mi cumpleaños es el primero de enero.　　내 생일은 1월의 첫 날이다.

- Vivo en el tercer piso.　　나는 3층에 산다.

- Daniela es la tercera.　　다니엘라는 셋째 딸이다.

- ¡Bienvenidos al séptimo cumpleaños de Ana!　　아나의 일곱 번째 생일에 온 것을 환영해요!

5 의문사 정리

- 사물, 개념   ¿qué?   ¿Qué le regalas a Juan?
  후안에게 무엇을 선물하니?

- 장소   ¿dónde?   ¿Dónde está la biblioteca?
  도서관이 어디 있어요?

- 방법   ¿cómo?   ¿Cómo va usted a trabajar?
  어떻게 출근하세요?

- 사람   ¿quién(es)?   ¿Quiénes son aquellos chicos?
  저 청년들은 누구야?

- 시간   ¿cuándo?   ¿Cuándo es el examen?
  시험이 언제 있어?

- 사람/사물   ¿cuál(es)?   ¿Cuál es tu color favorito?
  좋아하는 색이 어떤 거니?

- 수량   ¿cuánto/a/os/as?   ¿Cuántos años tiene tu hijo?
  네 아들은 몇 살이니?

- 이유   ¿por qué?   ¿Por qué estás aquí?
  왜 너 여기에 있니?

6 1001 이상의 숫자

1000	mil	100 000	cien mil	100 000 000		cien millones
3000	tres mil	200 000	doscientos mil	1 000 000 000 000	un billón	
10 000	diez mil	1 000 000	un millón			

❶ 1000은 형태가 변하지 않으며 un mil이라고 하지 않아요.
- miles de + 명사 (수천 명/개의 ~) : Hay miles de casas.   수천 채의 집이 있다.

❷ 1 000 000은 남성형이며 바로 앞의 숫자에 단수형이나 복수형으로 일치시켜 써요.
- doscientos millones   2억

❸ 1 000 000 이후에 오는 숫자는 언급하는 명사에 형태를 일치시켜요.
- 3 300 000 casas : tres millones trescientas mil casas

- 208 476 024 personas : doscientos ocho millones cuatrocientas setenta y
  seis mil veinticuatro personas

어휘 늘리GO!

Granada

🎧 Track 12-03

⭐ 다양한 상황에 사용되는 기초적인 표현들

사과하기

- Perdón. 미안해(요)

- Perdona/ Perdone.

- Disculpa/ Disculpe.

- Lo siento.

💡 상대를 tú 또는 usted으로 판단하는 바에 따라 어미가 달라져요. / 이후 표현을 usted에게 써요.

'맛있게 드세요'

- ¡Que aproveche!

- ¡Buen provecho!

'(~에 온 것을) 환영해요'

- Bienvenido/a a + 장소
  (Bienvenidas a México. 멕시코에 온 것을 환영해요)

소개하기

- Este/a es ~
  (Este es Tomás. 이 사람은 토마스예요.)

- Te/Le presento a ~
  (Te presento a Tomás. 네게 토마스를 소개할게.)

실력
높이 GO!

A 빈칸에 들어갈 서수를 알맞게 써보세요.

1. _____ segunda   2. _____ cuarto   3. _____ sexto

B 빈칸에 들어갈 알맞은 말을 <보기>에서 골라 써보세요.

보기	qué quién(es) cuál(es) cuánto/a/os/as dónde por qué

1. ¿Con _____ hablan tus padres?

2. ¿_____ vale esta revista?

3. ¿_____ de esas chicas es tu hermana?

4. ¿_____ libro prefiere usted?

5. ¿_____ es una llama?

6. ¿_____ no vamos al cine?

7. ¿_____ es la clase de inglés?

revista f. 잡지 **llama** f. 라마

C 빈칸에 saber나 conocer 중 알맞은 동사를 주어에 맞게 써보세요.

1. ¿ _____ (tú) la dirección de Marcos?

2. ¿Me _____ (tú)?

3. Ellos no _____ cocinar.

4. ¿ _____ (ustedes) que Marcos vuelve mañana?

5. Nosotros _____ bien esta ciudad.

6. No _____ (yo) a esa chica.

7. ¿ _____ (usted) quién es aquel señor?

cocinar 요리하다

D 음원을 듣고 빈칸에 들어갈 말을 아라비아 숫자로 써보세요.   🎧 Track 12-04

1. Mi número de teléfono es _____.

2. Hoy es _____.

3. El precio total es _____.

4. En mi pueblo hay _____.

dólar m. 달러

E <보기>처럼 감탄문으로 바꿔 써보세요.

| 보기 | Esta casa es muy cara. → ¡Qué cara es! |
| --- | Cantas muy bien. → ¡Cómo cantas! |

---

1. Isabel es una chica muy elegante.

→ ¡_____!

2. Felipe baila muy bien.

→ ¡_____!

3. Tengo mucha sed.

→ ¡_____!

4. Hoy hace mucho frío.

→ ¡_____!

5. La calle está muy sucia.

→ ¡_____!

6. Pablo cocina muy mal.

→ ¡_____!

sucio/a 더러운, 지저분한

정답

A 1. primero **2.** tercero **3.** quinta

B 1. quién(es) **2.** Cuánto **3.** Cuál **4.** Qué **5.** Qué **6.** Por qué **7.** Dónde/ Cuándo

C 1. Sabes **2.** conoces **3.** saben **4.** Saben **5.** conocemos **6.** conozco **7.** Sabe

D 1. 913 478 501 **2.** 1 de octubre de 2025 **3.** 166 115 dólares **4.** 214 100 101 casas

E 1. Qué elegante es **2.** Cómo baila / Qué bien baila **3.** Qué sed tengo **4.** Qué frío hace
5. Qué sucia está **6.** Cómo cocina / Qué mal cocina

스페인어권 세계 만나GO!

Spain

Argentina의 광대한 대자연

남아메리카 남동부에 위치하여 남극과 거의 맞닿은 아르헨티나는 '세계 최대'라는 수식어에 걸맞는 자연 유산을 자랑하고 있어요.

이과수 폭포 (Cataratas del Iguazú)

아르헨티나를 방문하는 사람 누구나 가질 수 있는 가장 놀라운 경험 중 하나예요. 과라니어로 '큰 물'을 뜻하는 세계 최대의 Iguazú이구아수 폭포는 다른 곳에서는 경험할 수 없는 압도적인 자연의 힘을 실감하게 해요. Iguazú이구아수 강에는 여러 폭포가 있기 때문에 Argentina에서는 그냥 catarata(폭포)라고 불러요.

파타고니아 (Patagonia)

Argentina 남부에 위치한 광활한 지역이에요. 남아메리카 최남단의 Tierra del Fuego띠에라 델 푸에고주는 바다와 숲, 산, 호수와 계곡 등이 모두 존재하며, 주요 도시인 Ushuaia우수아이아는 '세상에서 가장 남쪽에 있는 도시'로 불리기도 해요. '땅 끝 열차' 또한 이 지역의 명물이에요.

한편, 이곳의 Glacier de Perito Moreno뻬리또 모레노 빙하는 Patagonia빠따고니아와 Argentina 자연의 상징이에요. 진전하는 과정에서 일정 기간마다 붕괴되는 5km 가량의 얼음 장벽이 형성되는데, 이것이 무너지는 모습과 소리는 가장 놀라운 대자연의 모습 중 하나라고 해요.

라플라타 강 (Río de la Plata)

남대서양을 향하는 넓은 하구를 가진 la Plata라 쁠라따 강으로, Argentina와 Uruguay의 자연 국경이며, 두 국가의 수도가 이 강가에 위치해요. 최대 폭이 221km이므로 세계에서 가장 넓은 강이라고 볼 수 있어요.

Me gustan estos zapatos.

Capítulo
13

Me gustan estos zapatos.

나는 이 구두가 마음에 들어.

▲ MP3 음원

13강

╲ 학습 목표

gustar 유형의 동사에 대해 이해한다.
소유사 후치형에 대해 알고 사용할 수
있다.

╲ 공부할 내용

gustar동사
quedar 동사
전치격 인칭대명사
소유사 후치형

╲ 주요 표현

Me gustan mucho estos zapatos.
A ti te quedan muy bien.
¿Estas gafas son tuyas?

◀ 바르셀로나에 위치한 바르셀로나 대성당.
화려한 고딕 양식의 성당으로 1298년에
착공하여 1420년에 완공했다.

말문트GO!

 Diálogo 1 🎧 Track 13-01

페레스 선생님과 남편인 하비에르는 신발을 보고 있어요.

Profesora Pérez	Estos zapatos me gustan mucho. Por favor, ¿cuánto cuestan estos zapatos?	페레스 선생님 이 구두가 정말 마음에 들어. 실례합니다만 이 구두는 얼마인가요?
Dependiente	Cuestan 210 euros.	점원 210 유로입니다.
Su marido	¡Bah! A mí no me gustan.	그녀의 남편 에이! 나는 마음에 들지 않는데.
Dependiente	Estos de aquí también son preciosos.	점원 여기 이것도 예뻐요.
Profesora Pérez	No están mal, pero prefiero estos. Me van a quedar perfectamente.	페레스 선생님 나쁘지는 않네요. 하지만 저는 이것이 더 좋아요. 제게 완벽하게 어울릴 거예요.
Su marido	¿Por qué quieres gastar tanto dinero en unos zapatos?	그녀의 남편 당신 왜 구두에 그렇게 큰 돈을 쓰려고 해?
Profesora Pérez	Para mí es muy importante llevar zapatos cómodos porque me gusta mucho caminar, ya sabes.	페레스 선생님 나는 걷는 것을 무척 좋아하기 때문에 편안한 구두를 신는 것이 내게는 무척 중요해, 이미 알고 있잖아.
Su marido	Tienes otros zapatos.	그녀의 남편 다른 구두도 있잖아.
Profesora Pérez	Tú también siempre quieres una bicicleta nueva, una raqueta nueva o un coche nuevo.	페레스 선생님 당신도 항상 새 자전거, 새 라켓 또는 새 자동차를 원하잖아.

 zapato m. 구두 **gustar** 마음에 들다, 좋아하다 **costar** 값이 ~나가다 **dependiente/ta** m.f. 점원
quedar (~하게) 어울리다 **perfectamente** 완벽하게 **gastar** 돈을 쓰다 **cómodo/a** 편안한
raqueta f. 라켓

핵심 배우GO!

Barcelona

1 호불호 표현하기

- ¿Qué fruta te gusta?   너는 무슨 과일 좋아해?

- A mí me gusta mucho la manzana.   나는 사과를 무척 좋아해.

- ¿Qué os gusta hacer los fines de semana?   너희는 주말에 뭐 하는 것 좋아하니?

- Nos gusta ver películas.   우리는 영화 보는 것을 좋아해.

💡 gustar 동사는 주어가 동사 뒤에 위치할 수 있고, 보통은 gusta, gustan 두 개의 동사만 사용되며 항상 간접목적대명사를 수반해요.

2 어울리거나 어울리지 않음을 표현하기

- ¿Cómo me queda el color azul?   나한테 파란색이 어때 보여?

- Te queda muy bien.   네게 무척 잘 어울려.

- ¿Me quedan bien estas gafas?   내게 이 안경이 잘 어울려?

- A ti no te quedan muy bien.   네게 아주 잘 어울리지는 않아.

💡 quedar 동사는 '어울리다'를 뜻하지만 우리말과는 달리 중립적인 의미라서 어떻게 어울리는지에 대한 평가가 꼭 수반되어야 해요.

3 yo와 tú의 형태를 바꿔 말하기

- ¿Habláis de mí?   너희들 나에 대해서 이야기하는 거야?

- Sí, hablamos de ti.   그래, 우리 너에 대해서 이야기하고 있어.

- ¿Vuelves a casa conmigo?   너 나와 함께 집에 돌아갈래?

- Sí, voy contigo.   응, 너랑 갈게.

💡 yo, tú는 전치사와 함께 쓸 때 mí, ti로 형태가 바뀌며, con과는 conmigo, contigo의 형태가 되어요.

말문트GO!

Madrid

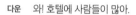

🗨 Diálogo 2 🎧 Track 13-02

다운, 루이스와 알렉스는 호텔 로비에서 이야기를 나눠요.

Daun ¡Guau! Hay mucha gente en el hotel.

Luis Es que estamos en la Semana Santa. Sevilla está llena de gente.

Álex ¿Quedamos dentro de media hora en mi habitación o en la tuya? Tenemos que hablar de la ruta.

Daun En la tuya. Luis, ¿me prestas tu móvil para llamar a Subin? El mío está en la maleta.

Luis Sí, claro. Toma. Álex, ¿estas gafas de sol son tuyas?

Álex Sí, son mías.

Daun Chicos, me encanta este hotel. Desde aquí podemos ver la Catedral de Sevilla.

Luis No es la Catedral. Es parte de las murallas del Alcázar de Sevilla.

Álex Es verdad. Luis conoce muy bien Sevilla. Mira, Daun, ¿sabes que la novia de Luis es sevillana?

Daun ¡Ajá!

다운 와! 호텔에 사람들이 많아.

루이스 성주간이라서 그래. 세비야는 사람들로 가득 차.

알렉스 우리 30분 후에 내 방에서 볼까 아니면 네 방에서 볼까? 우리 움직일 경로에 대해 이야기해야만 해.

다운 네 방에서. 루이스, 수빈이에게 전화하려고 하는데 네 휴대폰을 빌려줄래? 내 것은 짐가방 안에 들었어.

루이스 응, 물론이지. 받아. 알렉스, 이 선글라스는 네 것이야?

알렉스 그래, 내 거야.

다운 얘들아, 나는 이 호텔이 엄청 마음에 들어. 이곳에서부터 세비야 대성당을 볼 수 있어.

루이스 대성당이 아니야. 세비야 알카사르의 성벽 일부야.

알렉스 그렇네. 루이스는 세비야를 엄청 잘 알아. 이것 봐, 다운, 루이스의 여자친구가 세비야 사람인 것을 알아?

다운 아하!

---

gente f. 사람들 **Semana Santa** f. 성주간 **estar lleno/a de ~** ~로 가득 차다
dentro de + 기간 ~ 후에 **habitación** f. 방 **tuyo/a** 너의, 너의 것 **ruta** f. 경로 **prestar** 빌려주다
móvil m. 휴대폰 **mío/a** 나의, 나의 것 **maleta** f. 짐가방, 트렁크 **toma/e** 받아/받으세요
gafas de sol f. 선글라스 **encantar** 무척 마음에 들다, 무척 좋아하다 **desde** ~에서부터
catedral f. 대성당 **parte** f. 부분, 일부 **muralla** f. 성벽 **sevillano/a** m.f. 세비야인

Barcelona

1 무척 좋아한다고 표현하기

- Me encanta el béisbol.   나는 야구를 무척 좋아한다.

- ¿A él le encanta cantar y bailar?   그는 노래하고 춤추는 것을 무척 좋아하니?

- Nos encanta estar aquí.   우리는 여기 있는 것을 무척 좋아한다.

💡동사원형이 주어가 되는 경우 동사는 단수형으로 유지해요.

2 명사를 함께 쓰지 않고 소유 관계 표현하기

- Este coche es mío.   이 자동차는 내 것이다.

- El libro de español es tuyo.   그 스페인어 책은 네 것이다.

- Esta camisa es suya.   이 셔츠는 당신/그/그녀의 것이다.

- La mía es roja.   내 것은 빨간색이다.

- Los tuyos son estos zapatos.   네 것은 이 구두이다.

- Las suyas no están aquí.   당신들/그들/그녀들의 것은 여기 없어요.

- Mi casa está al lado de la suya.   내 집은 당신/그/그녀의 것의 옆에 있다.

💡이 소유사는 ser 동사와 함께 쓰여 소유자를 나타내거나 문장의 주어로 써요. 또한 전치사와도 사용해요.

3 경칭어 이용하기

- Señor, ¿sabe dónde está el Palacio Real?   선생님, 왕궁이 어디 있는지 아세요?

- La señorita López aprende coreano.   로페스양은 한국어를 배운다.

- Trabajo en una farmacia con la señora Molina.   나는 몰리나 부인과 한 약국에서 일한다.

💡 이 경칭은 항상 정관사와 함께 쓰지만 직접 호명할 때는 정관사를 생략해요.

① gustar 동사 (좋아하다, ~이/가 ~에게 마음에 들다)

간접목적대명사		동사 (+ 수식어)	문법상의 주어
(A mí)	Me		단수 명사 (la pizza)
(A ti)	Te		
(A usted/él/ella)	Le	gusta	동사 원형 (cocinar)
(A nosotros/as)	Nos	(+mucho, poco, bastante, más...)	
(A vosotros/as)	Os	gustan	복수 명사 (los deportes)
(A ustedes/ellos/ellas)	Les		

■ 보통 gusta, gustan 동사만 써요. A mí, A ti... 등은 간접목적어를 명시하기 위해 쓸 수 있어요.

· Me gusta este hotel.　　　　　　　나는 이 호텔이 좋아.

· A mí no me gusta.　　　　　　　나는 싫어.

· ¿Qué te gusta hacer los domingos?　　일요일마다 뭐 하는 것 좋아하니?

· Me gusta pasear con mi perro.　　강아지와 산책하는 것 좋아해.

■ 주어는 단수나 복수 명사, 동사원형이며, 그 앞에 관사나 지시사, 소유사 등을 써요. 주어가 동사원형일 경우 단수형인 gusta와 함께 써요.

· ¿Te gusta el fútbol?　　　　　　너는 축구 좋아해?

· A Mar le gustan estas chaquetas.　　마르는 이 자켓들을 좋아한다.

· Nos gusta ir al cine y cocinar.　　우리는 영화관에 가는 것과 요리하는 것을 좋아해.

■ encantar (~이/가 ~에게 무척 마음에 들다, 무척 좋아하다)는 gustar와 같은 유형으로서, encanta, encantan만 사용하지만 mucho와 같은 수식어를 쓸 수 없어요.

· A mi madre le encantan las flores.　　우리 엄마는 꽃을 무척 좋아하신다.

■ 상대의 입장을 물어볼 때는 a mí, a ti...의 형식으로 해요.

· Me gusta esta ciudad. ¿Y a ti?　　나는 이 도시가 좋아. 너는?

2 **quedar 동사 (~이/가 ~에게 ~하게 어울리다)** 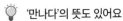 '만나다'의 뜻도 있어요

gustar 유형의 동사로 queda, quedan만 사용하며, 평가가 함께 제시되어요.

간접목적대명사		동사	평가	문법상의 주어
(A mí) (A ti) (A usted/él/ella) (A nosotros/as) (A vosotros/as) (A ustedes/ellos/ellas)	Me Te Le Nos Os Les	queda quedan	부사 (muy) bien/ mal 형용사 (muy/ un poco) grande, pequeño/a largo/a, corto/a...	단수 명사 (el azul) 복수 명사 (las gafas)

· ¿Cómo me queda esta falda? 이 치마 내게 어때?(어떻게 어울려?)

· Te queda un poco larga. 네게 조금 길어.

· ¿A usted le queda pequeño el abrigo? 그 코트가 작으신가요?

· No, me queda muy bien. 아니요, 제게 아주 잘 맞아요.

3 **전치격 인칭대명사 mí, ti**

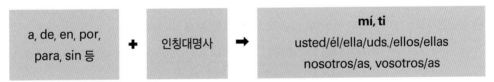

| a, de, en, por, para, sin 등 | + | 인칭대명사 | → | **mí, ti**
usted/él/ella/uds./ellos/ellas
nosotros/as, vosotros/as |

■ 주격 인칭대명사 yo, tú를 전치사와 함께 쓸 때, 각각 **mí, ti**로 바꿔 써요.

· Te quiero mucho a ti. 나는 너를 무척 사랑한다.

· Estos regalos son para ti. 이 선물들은 너를 위한 것이다.

■ con + mí → **conmigo**, con + ti → **contigo**로 바꿔 써요.

· ¿Quieres bailar conmigo? 너 나와 춤출래?

· El Sr. García viene a hablar contigo. 가르시아씨가 너와 이야기하기 위해 온다.

4 소유사 후치형

	단수	복수
나의	mío/a	míos/as
너의	tuyo/a	tuyos/as
당신/그/그녀의	suyo/a	suyos/as
우리들의	nuestro/a	nuestros/as
너희들의	vuestro/a	vuestros/as
당신들/그들/그녀들의	suyo/a	suyos/as

❶ ser동사와 함께 쓰여 소유 관계를 나타내며, 주어나 수식하는 명사에 성과 수를 일치해요.

· ¿De quién son estos cuadernos? ¿Son tuyos?　　이 노트들은 누구 거지? 네 것들이니?

· Sí, son míos.　　응, 내 것들이야.

❷ 정관사와 함께 쓰면 이미 언급된 명사를 생략할 수 있어요.

· Mi padre habla dos idiomas.　　우리 아버지는 외국어 2개를 하신다.

· El mío habla cuatro.　　나의 아버지는 4개를 하신다.

❸ '부정관사 또는 숫자 + 명사 + mío/a, tuyo/a...' : 집단의 일부를 나타내요.

· Una hija suya estudia en Londres.　　그의 딸들 중 한 명은 런던에서 공부한다.

· Dos hermanos míos son estudiantes.　　내 동생 둘은 학생이다.

5 경칭 señor(Sr.), señora(Sra.), señorita(Srta.)

성이나 풀네임 앞에 써요. 남성은 señor, 기혼녀는 señora, 미혼녀는 señorita를 쓰며, 항상 정관사와 함께 사용하지만 직접 호명할 경우에는 생략해요.

· El señor Muñoz vive en este piso.　　무뇨스씨는 이 아파트에 산다.

· Hablo mucho con la señora Díaz.　　나는 디아스 부인과 이야기를 많이 한다.

· ¡Buenos días, señorita Rojas!　　안녕하세요, 로하스양!

💡 타인을 부르거나 대상을 높여 부르기 위해 사용하기도 해요. (Señora, ¿dónde hay una farmacia? 부인, 약국이 어디 있나요? Aquel señor es mi padre. 저 분이 내 아버지시다.)

🎧 Track 13-03

⭐ **Deportes (스포츠)**

1. jugar a + 정관사 + 운동명 : ~을/를 하다

el fútbol 축구   el voleibol 배구   el baloncesto 농구

- **Mis amigos y yo** jugamos al fútbol **todos los fines de semana.**
  매주 주말마다 내 친구들과 나는 축구를 한다.

el béisbol 야구   el golf 골프   el tenis 테니스

- **A Santiago le gusta mucho** jugar al tenis.
  산티아고는 테니스하는 것을 무척 좋아한다.

💡 jugar 동사 (운동하다, 놀다) juego, juegas, juega, jugamos, jugáis, juegan

💡 jugar a + 정관사 + 게임명/ 카드 : ~을/를 하다
- **El niño** juega a las cartas **con sus padres.**
  그 아이는 부모님과 카드 게임을 한다.

2. practicar/ hacer + 운동명 : ~을/를 하다

la natación (nadar) 수영   el esquí (esquiar) 스키   el jogging (correr) 조깅

- **Todos los inviernos vamos a** esquiar **a Andorra.**
  겨울마다 우리는 스키 타러 안도라에 간다.

실력 높이GO!

Ibiza

A 각 열에서 하나씩 골라 알맞은 문장을 완성하세요.

1. A tus amigos •   • te gusta   •   • la música.
2. A ti •   • le encanta   •   • leer.
3. A Javier •   • les gustan   •   • las películas de terror.
4. A nosotros •   • no nos gusta •   • esquiar.

1. _____

2. _____

3. _____

4. _____

terror m. 공포 **leer** 읽다, 독서하다

B <보기>처럼 빈칸에 들어갈 소유사를 알맞게 써보세요.

> **보기**   Estas llaves no son <u>tuyas</u> (tú), son <u>mías</u> (yo).

1. Señor, ese abrigo es _____ (usted).

2. Esta habitación no me gusta. La _____ (usted) es más bonita.

3. En aquella casa viven unas amigas _____ (nosotros).

4. Esa maleta no es la _____ (yo), es la _____ (tú).

C 제시된 말들로 <보기>처럼 알맞은 문장을 만들어 보세요.

> **보기** fútbol / gusta / no / el / me / mucho → No me gusta mucho el fútbol.

1. encanta / a / tenis / al / usted / jugar / le

→ _____

2. amigos / gatos / a / gustan / mis / les / los

→ _____

3. sábados / me / trabajar / no / gusta / los

→ _____

4. encanta / ti / arte / a / te / el

→ _____

D Isabel과 Jaime의 대화를 듣고 이해한 내용이 맞는지 틀리는지 표시해 보세요.　🎧 Track 13-04

1. A Isabel le gustan los deportes.　　　　○　✕

2. A Jaime le gusta nadar.　　　　　　　　○　✕

3. A Isabel le gusta ir al cine.　　　　　　○　✕

4. A Jaime le gusta el tenis.　　　　　　　○　✕

deporte m. 운동　**nadar** 수영하다　**cine** m. 영화관

E 빈칸에 gustar나 quedar 중 알맞은 동사를 주어에 맞게 써보세요.

1. Me _____ mucho este actor.

2. Estos zapatos te _____ muy bien.

3. A mi padre le _____ bien el sombrero.

4. Estos pantalones no nos _____ mucho.

5. La camisa roja me _____ pequeña.

sombrero m. 모자   **camisa** f. 셔츠

스페인어권 세계 만나GO!

스페인어 자격시험 DELE (Diplomas de Español como Lengua Extranjera)

DELE는 '외국어로서의 스페인어 자격증서' 정도로 이해할 수 있어요. 이는 스페인 교육부의 이름으로 Instituto Cervantes(세르반테스 연구소)가 수여하는 스페인어 구사 능력을 공식적으로 인정하는 확인증이에요. 이 시험은 유럽 연합의 MCER(Marco Común Europeo de Referencia유럽 공통 참조 기준)에 따라 설계되고, 포함되는 내용은 세르반테스 연구소의 Plan curricular(커리큘럼 계획)과 Niveles de Referencia para el Español(스페인어 참조 수준)에 제시되어 있어요. 등급은 다음과 같이 나뉘어요.

> **nivel A1** : 생존 스페인어 수준의 일상적인 표현을 사용할 수 있는 언어 능력을 확인한다.
> **nivel A2** : 기본적인 경험 영역(본인, 가족, 쇼핑, 직업 등)에 대해 표현 가능한지 확인한다.
> **nivel B1** : 일상적인 상황에 적절히 대응하고 욕구와 필요에 대해 표현 가능한지 확인한다.
> **nivel B2** : 일반적인 의사소통 환경에서 일상적으로 요구되는 언어 능력을 확인한다.
> **nivel C1** : 말하고 싶은 것을 제한 없이 명확하게 표현할 수 있는지 확인한다.
> **nivel C2** : 높은 수준의 언어 사용 능력과 문화적 관습에 대한 지식을 확인한다.

더불어, 초등학교 수준의 응시자를 위한 DELE A1 para escolares와 DELE A2/B1 para escolares의 시험이 별도로 운영되어요.

A1, A2, B1, B2, C1의 시험은 Comprensión de lectura (독해), Comprensión auditiva (청해), Expresión e interacción escritas (쓰기 표현 및 상호 작용), Expresión e interacción orales (구두 표현 및 상호 작용)의 4가지 테스트로 구성되어요. C2는 다양한 언어활동을 포함하는 3개의 테스트로 구성되어요.

특히 '표현 및 상호 작용' 테스트의 경우는 개방형 답변이라 각각 공인된 2명의 심사관이 척도를 적용하여 채점해요. A1~C1 등급의 경우, 모든 테스트를 다 통과할 필요는 없지만 두 개의 '표현 및 상호작용' 시험에서 합계 점수의 66% 이상을 획득해야 해요. C2 시험을 통과하려면 3개의 테스트를 모두 통과해야 해요.

Me duele mucho.

Capítulo
14

Me duele mucho.

많이 아파요.

▲ MP3 음원

14강

\\ **학습 목표**

doler 동사와 parecer 동사를 사용할
수 있다.
상대방의 의견에 동의나 반의를 표현
할 수 있다.

\\ **공부할 내용**

doler 동사
parecer 동사
interesar 동사
importar 동사
pensar 동사

\\ **주요 표현**

Me duele mucho.
Me parece que tienes gripe.
¿Piensas volver a casa?

◀ 카나리아스 제도의 섬들 중 하나인
테네리페섬의 해안 마을 풍경이다.

📑 Diálogo 1 🎧 Track 14-01

독감에 걸린 다운이는 병원에 갔어요.

Médico	Buenos días. ¿Qué te pasa?
Daun	Buenos días, doctor. Tengo un dolor fuerte en la garganta y también me duele mucho la cabeza.
Médico	¿Desde cuándo te duele?
Daun	Creo que llevo unos días con el dolor.
Médico	A ver... ¿Abres la boca y dices aaaah...? Me parece que tienes gripe. Te voy a recetar unas pastillas.
Daun	¿Le parece que tomar vitaminas ayuda a estar sano?
Médico	Bueno, es suficiente beber zumo de naranja cada día. Comes bien, ¿verdad? Después de tomar las pastillas debes descansar y tomar mucha agua.
Daun	De acuerdo. Muchas gracias, doctor.

의사	안녕하세요. 무슨 일이 있으신가?
다운	안녕하세요, 박사님. 목에 심한 통증이 있고, 또 머리가 많이 아픕니다.
의사	언제부터 아프신가?
다운	통증이 며칠 동안 있었던 것 같아요.
의사	어디 봅시다... 입을 벌리고 아... 라고 해 보시겠나? 독감에 걸린 것 같군. 약을 처방해드리겠네.
다운	비타민을 복용하는 것이 건강을 유지하는데 도움이 된다고 생각하세요?
의사	뭐, 매일 오렌지 주스를 마시는 것으로 충분하네. 식사는 잘하고 있으시지, 그렇지? 그 약을 복용한 후에는 휴식을 취하고 물을 많이 마셔야 하네.
다운	알겠습니다. 대단히 감사합니다, 박사님.

pasar 발생하다 **doctor(a)** m.f. 박사, 의사 **dolor** m. 고통, 통증 **fuerte** 강한, 센
garganta f. 목구멍 **doler** 아프다 (~이/가 ~에게 고통을 주다) **creer** 믿다, 생각하다
a ver 어디 봅시다 **boca** f. 입 **parecer** 생각하다 (~이/가 ~에게 ~라고 생각되다) **gripe** f. 독감
recetar 처방하다 **pastilla** f. 알약 **ayudar (a + 동사원형)** (~하도록) 돕다 **sano/a** 건강한
suficiente 충분한 **cada** 각, 매 **deber + 동사원형** ~해야만 한다 **descansar** 휴식하다

Barcelona

① 아프다고 표현하기

- ¿Qué te duele?   너 어딘가 아프니?

- Me duele **el estómago.**   나 배가 아파.

- ¿Le duele **algo?**   어디가 편찮으세요?

- Me duelen **mucho las piernas.**   나는 다리가 많이 아파요.

💡 7과에서 'tener dolor de + 신체부위'의 형식으로 신체의 통증을 표현하는 법을 학습했어요.
    • Tengo dolor de cabeza. 나는 머리가 아프다.

② 의견 표현하기

- ¿Qué te parece **esta ciudad?**   네게는 이 도시가 어때 보여?

- Me parece perfecta **para vivir.**   내게는 살기에 완벽해 보여.

- ¿Qué le parecen **aquellos chicos?**   저 청년들이 어때 보이세요?

- Me parecen muy amables.   제게는 아주 상냥해 보여요.

- A mi abuela le parece mal **adelgazar.**   우리 할머니는 마르는 것을 나쁘게 생각하셔.

💡 parecer는 '생각하다', '~로 보이다'로 해석할 수 있어요.

③ 생각한 바를 표현하기

- ¿Crees que va a llover?   너는 비가 올 거라고 생각하니?

- Sí, lo creo.   응, 나는 그렇다고 생각해.

- Mis padres creen que ellos son nuestros vecinos.
  내 부모님은 그들이 우리 이웃이라고 생각하세요.

💡 creer는 '믿다'를 의미하기도 하며 (Creo en ti.), que 절을 목적어로 빈번하게 써요.

Diálogo 2 🎧 Track 14-02

알렉스, 엘레나, 다운, 수빈이는 전시회에 대해서 이야기 나눠요.

Álex	¿Os interesa el arte? En el centro comercial ABC hay una exposición de Lego. ¿Qué os parece?
Subin	Lego... Es que no me interesa mucho.
Elena	A mí tampoco.
Daun	A mí sí. Yo te acompaño, Álex.
Subin	Elena y yo vamos este fin de semana a la exposición de Botero. Esto es el arte de verdad, Álex.
Elena	Tienes razón, Subin. Me importa visitar buenas exposiciones porque me encanta el momento de conocer las obras maestras de grandes artistas.
Álex	Vale, vale. Pienso que hay gustos para todo.
Subin	Chicos, podéis venir con nosotras a la exposición.

알렉스	너희들 예술에 관심 있어? ABC 쇼핑 센터에서 레고 전시회가 있어. 어떻게 생각해?
수빈	레고라... 실은 나 크게 관심이 없어.
엘레나	나 역시도 그래.
다운	나는 관심 있어. 내가 너를 동행해줄게, 알렉스.
수빈	엘레나와 나는 이번 주말에 보테로의 전시회에 가. 이것이 진짜 예술이지, 알렉스.
엘레나	수빈아, 네 말이 맞아. 훌륭한 전시회를 방문하는 것이 내게는 중요해. 위대한 예술가들의 거작들을 만나보게 되는 그 순간이 나는 너무 좋기 때문이야.
알렉스	알았어, 알았어. 세상에는 갖가지 취향이 있다고 생각해.
수빈	얘들아, 너희들 우리와 함께 전시회에 갈 수 있어.

---

interesar 관심 있다 (~이/가 ~에게 관심을 가지게 하다)　**arte** m.f. 예술　**acompañar** 동행하다
de verdad 진짜로, 진실로　**importar** 중요하다 (~이/가 ~에게 중요하다)　**visitar** 방문하다, 찾아가다
momento m. 순간　**obra** f. 작품, 공사　**maestro/a** 훌륭한, 뛰어난　**artista** m.f. 예술가
pensar 생각하다　**gusto** m. 기쁨, 취향

① 관심사 표현하기

- ¿Qué deporte te interesa?
- A mí me interesan el fútbol y el béisbol.

- ¿A ustedes les interesan estas revistas?
- No, no nos interesan mucho.

어떤 스포츠가 네게 관심 있니?

내게는 축구와 야구가 관심 있어.

이 잡지들에 관심 있으세요?

아니요, 우리는 크게 관심 없어요.

② 생각한 바를 표현하기

- Pensamos en los gatos en la calle.

- ¿Qué piensas?

- Ellos piensan volver a casa con Juan.

- Pienso que la bicicleta es muy cara.

우리는 거리에 있는 고양이들을 떠올린다.

너는 어떻게 생각해?

그들은 후안과 집에 돌아갈 생각이다.

나는 그 자전거가 무척 비싸다고 생각해.

③ 동의와 반의 표현하기

- A mí me gusta viajar.
- A mí también.
- A mí no.

- A mí no me gusta viajar.
- A mí tampoco.
- A mí sí.

나는 여행하는 것이 좋다.

나도 (좋아).

나는 아니야.

나는 여행하는 것이 좋지 않아.

나도 역시 (그렇다).

나는 좋다.

문법 다지GO!

Sevilla

1 doler 동사 (~이/가 아프다, ~이/가 ~에게 고통을 주다)

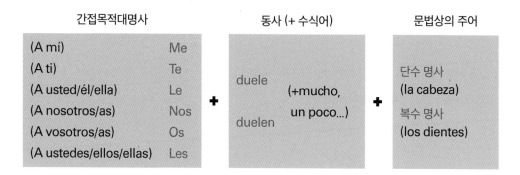

간접목적대명사		동사 (+ 수식어)	문법상의 주어
(A mí)	Me		
(A ti)	Te		단수 명사
(A usted/él/ella)	Le	duele	(la cabeza)
(A nosotros/as)	Nos	(+mucho, un poco...)	
(A vosotros/as)	Os	duelen	복수 명사
(A ustedes/ellos/ellas)	Les		(los dientes)

gustar 유형의 동사로서 간접목적대명사와 3인칭 단수나 복수 동사로 구성되어요.

- ¿Qué te duele?
  어디가 아프니? (무엇이 네게 고통을 주니?)

- Me duelen un poco los ojos.
  나는 눈이 조금 아파.

- A Juan y María les duele la garganta.
  후안과 마리아는 목이 아프다.

- A mi padre le duele mucho la espalda.
  우리 아버지는 등이 무척 아프시다.

2 parecer 동사 (~라고 생각하다, ~이/가 ~에게 ~하게 보이다)

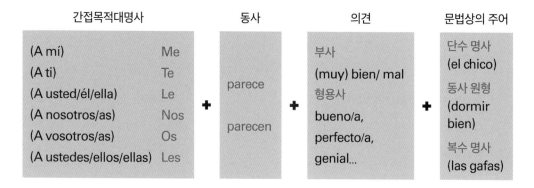

간접목적대명사		동사	의견	문법상의 주어
(A mí)	Me		부사	단수 명사
(A ti)	Te		(muy) bien/ mal	(el chico)
(A usted/él/ella)	Le	parece	형용사	동사 원형
(A nosotros/as)	Nos		bueno/a,	(dormir bien)
(A vosotros/as)	Os	parecen	perfecto/a,	복수 명사
(A ustedes/ellos/ellas)	Les		genial...	(las gafas)

gustar 유형의 동사로서 의견이 함께 제시되어야 해요.

- ¿Qué le parece a usted esta televisión?
  당신께는 이 TV가 어떻게 보입니까?

- Me parece un poco cara.
  제게는 조금 비싸다고 생각되네요.

- ¿Qué te parece tomar un café?   네게는 커피 한 잔하는 것이 어때 보여?
- Me parece muy bien.   아주 좋게 보여.

3   interesar 동사 (~이/가 ~의 관심을 끌다), importar 동사 (~이/가 ~에게 중요하다)

간접목적대명사		동사 (+ 수식어)		문법상의 주어
(A mí)	Me	interesa	(+mucho,	단수 명사 (la política)
(A ti)	Te	importa	un poco,	
(A usted/él/ella)	Le		poco,	동사 원형 (estudiar)
(A nosotros/as)	Nos	interesan	más...)	
(A vosotros/as)	Os	importan		복수 명사 (estos trabajos)
(A ustedes/ellos/ellas)	Les			

- ¿Qué te parece la pesca? ¿Te interesa?   낚시 어떻게 생각해? 관심 있니?
- Sí, a mí me gusta mucho.   응, 나는 무척 좋아해.

- ¿A José le interesan las matemáticas?   호세는 수학에 관심 있나요?
- No, no le interesan.   아니요, 그는 관심 없어요.

- ¿Te importa si abro la ventana?   내가 창문을 연다면 네게 거슬릴까?
- Nos importa desayunar bien.   우리에게는 아침을 잘 먹는 것이 중요하다.

💡 기타 gustar 유형의 동사들로는 pasar(발생하다), molestar(귀찮게 하다), dar miedo(두려움을 주다), faltar(부족하다), apetecer(내키다), impresionar(감명을 주다) 등이 있어요.

4   pensar 동사 (생각하다)

yo	pienso	nosotros/as	pensamos
tú	piensas	vosotros/as	pensáis
usted, él, ella	piensa	ustedes, ellos, ellas	piensan

■ ~을/를 생각하다

- Voy a pensar bien tu propuesta.   나는 네 제안을 잘 생각해볼 것이다.

- Ella piensa que va a llover.   그녀는 비가 올 거라고 생각한다.

- ¿Qué piensas?　　　　　　　　　　　너는 어떻게 생각해?

- Lucas piensa en su madre enferma.　　루카스는 아프신 어머니를 떠올린다.

■ ~할 생각이다

- ¿Piensas comprar ese coche?　　　　너는 그 자동차를 살 생각이니?

- ¿No lo pensáis hacer?　　　　　　　너희는 그것을 하지 않을 생각이야?

5 동의와 반의

- Sé hablar español.　　　　　　　　나는 스페인어를 말할 줄 알아.

  동의 Yo también. 나도 그래.　　　　　반의 Yo no. 나는 못 해.

- No sé hablar español.　　　　　　나는 스페인어를 말할 줄 몰라.

  동의 Yo tampoco. 나도 몰라.　　　　반의 Yo sí. 나는 알아.

- Me gusta el color rojo.　　　　　나는 빨간 색이 마음에 들어.

  동의 A mí también. 나도 그래.　　　반의 A mí no. 나는 아니야.

- No me gusta el color rojo.　　　나는 빨간 색이 마음에 안 들어.

  동의 A mí tampoco. 나도 안 들어.　　반의 A mí sí. 나는 마음에 들어.

6 tampoco (~역시 [아니다])

부정문에 사용되며, 동사 앞에 쓸 때는 no를 따로 첨가하지 않아요.

- No me gusta la sopa tampoco.　　　나는 스프도 싫다.
  (= Tampoco me gusta la sopa.)

- Elena no va a la fiesta. Yo tampoco voy.　엘레나는 파티에 안 간다. 나 역시 안 간다.

Granada

Track 14-03

⭐ 집과 가구 (Casa y muebles)

침실 el dormitorio

la cama 침대

el cuadro 그림

la mesita de noche
침대 옆 협탁

el espejo 거울

el escritorio 책상

화장실 el baño

el lavabo 세면대

la ducha 샤워기

la bañera 욕조

la toalla 수건

el inodoro 변기

거실 el salón

la puerta 문

la lámpara 램프

el sofá 소파

la ventana 창문

la chimenea 벽난로

주방 la cocina

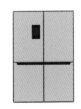

la nevera 냉장고

la lavadora 세탁기

el horno 오븐

el microondas 전자렌지

el fregadero
개수대

실력 높이 GO!

📍 Ibiza

A 그림을 보고 doler, gustar, interesar 중 하나를 선택하여 빈칸에 알맞게 써보세요.

1.

A Ricardo _____ un pie.

2.

A Iván _____ bailar.

3.

A mí _____ las noticias.

4.

A ti _____ los dientes.

B 제시된 말들로 <보기>처럼 알맞은 문장을 만들어 보세요.

 보기

ahora / parece / ducharte / me / bien

→ Me parece bien ducharte ahora.

1. duelen / a / los pies / Sandra / le / mucho

→ _____

2. español / importa / me / aprender / no

→ _____

3. mi madre / importante / cenar / parece / a / le / en casa

→ _____

pie m. 발

C Adela의 말에 <보기>처럼 동의나 반의를 표현해 보세요.

보기 Me gustan las matemáticas.	A mí no.
1. No me gusta bailar.	
2. Me gusta nadar.	
3. No me gustan los perros.	
4. Me encantan las telenovelas.	

telenovela f. TV 드라마, 연속극

D Subin과 Daun의 대화를 듣고 빈칸에 들어갈 말을 골라보세요. 🎧 Track 14-04

1. A Daun le duele _____ .
   ① la garganta   ② el estómago   ③ la cabeza

2. A Daun _____ tomar medicinas.
   ① le gusta   ② le parece bien   ③ no le gusta

3. A Subin _____ tomar medicinas.
   ① le importa también   ② tampoco le gusta   ③ le parece bien

4. Daun va a tomar medicinas porque le _____ más el examen.
   ① importa   ② parece   ③ pasa

E 동사 앞에는 me, te, le, nos, os, les 중 알맞은 것을, 동사 뒤에는 어미 a/an, e/en을 알맞게 써 보세요.

1. A Carlos _____ interes_____ los deportes.

2. A mi abuela _____ duel_____ los dientes.

3. A Tomás y Félix _____ parec_____ muy bueno mi coche.

4. A Elena _____ interes_____ la poesía.

5. A Pedro y tú no _____ import_____ mis opiniones.

poesía f. 시

스페인어와 영어의 혼종, espanglish

세계 최대어에 속하는 영어와 스페인어는 아메리카 대륙에서 지리적으로 근접해있고, 스페인어권 지역 화자들의 미국으로의 이민 급증으로 인해 미국 내 히스패닉(또는 라티노) 공동체의 이중 언어 화자들은 이 두 언어가 혼합된 형태인 espanglish를 사용하는 경우가 많이 있어요.

명칭에서 알 수 있듯이 espanglish는 스페인어와 영어의 혼합어이지만 기준이나 규범이 없는 포괄적인 명칭이에요. 현대에 새로이 등장한 현상인 것 같지만 사실 espanglish는 1848년 이후 멕시코의 영토가 미국의 일부가 되면서 최초로 나타났어요. 정확한 화자의 수는 알 수 없지만 미국에는 스페인어 사용 인구가 5천만 명이 넘고, 영어를 사용하는 히스패닉 인구 중 59%가 이중 언어 사용자예요.

미국에서 히스패닉 인구가 많은 California 남부와 Puerto Rico는 espanglish가 일반화되어 있다고 볼 수 있으며, 또한 출신 국가에 따라 사용하는 방식이 다를 수 있어요. 스페인어와 영어에 능통하더라도 espanglish를 계속 사용하는 이유는 단순히 이중 언어 사용자이기 때문이 아니라 라틴계로서의 정체성에 대한 자부심이라고 말해요. 공동체의 일원이라는 표시라는 것이에요. 이 혼종의 언어가 특정 국가나 지역의 공용어는 아니지만 수많은 공동체에서 사용되며 히스패닉 문화의 전파와 함께 계속 유지되고 있으며 먼 미래에는 연구하고 보존할 가치가 있는 언어로 간주 될지는 모를 일이에요.

Espanglish는 주로 스페인어 어휘를 영어와 교차하여 ser *cool*, estar *ready*처럼 사용하지만 janguear (*hang out*), ir de lonche (점심 먹으러 가다), parquear (주차하다), googlear (*googling*), vending (*vender*), likear (*to like*) 등과 같이 두 언어 표현이 혼합된 새로운 말을 창조하기도 해요.

Esas fresas son más dulces que estas.

Capítulo
15

Esas fresas son
más dulces que estas.

그 딸기가 이것보다 더 달아요.

▲ MP3 음원

15강

\ **학습 목표**
비교급의 문장을 구성할 수 있다.
최상급의 문장을 구성할 수 있다.

\ **공부할 내용**
우등비교급
열등비교급
동등비교급
최상급

\ **주요 표현**
Esas son más dulces que estas.
Soy la menor de mis hermanos.
Eres el hermano más simpático
del mundo.

◀ 발레아레스 제도에 있는 마요르카섬은
연중 25도 안팎의 따스한 기온과 천혜의
자연환경으로 사랑받는 곳이다.

말문 TGO!

Diálogo 1 🎧 Track 15-01

수빈이는 과일가게에서 과일을 사고 있어요.

Dependienta	Buenos días. ¿Qué te pongo?
Subin	Pues... ¿Me pones un kilo de estas peras?
Dependienta	Esas son más caras que estas de aquí.
Subin	No importa. Tienen buena pinta.
Dependienta	Muy bien. ¿Quieres algo más?
Subin	Medio kilo de fresas, por favor.
Dependienta	¿Cuáles te gustan más? Esas son más dulces que estas, pero son un poco más caras.
Subin	Bueno, quiero estas. También quiero un kilo y medio de manzanas. ¿Cuál de las dos manzanas es mejor?
Dependienta	Mira, esas rojas son tan buenas como estas verdes. Son dulces y jugosas.
Subin	Pues, prefiero esas verdes. Nada más.

종업원 안녕하세요. 무엇을 드릴까요?

수빈 저... 이 배를 1kg 주실래요?

종업원 그것은 여기 이것보다 더 비싸요.

수빈 괜찮아요. 좋아보이네요.

종업원 좋습니다. 뭘 더 원해요?

수빈 딸기 0.5 kg 주세요.

종업원 어떤 것이 더 마음에 들어요? 그것은 이것보다 더 달아요. 하지만 조금 더 비싸죠.

수빈 이것을 주세요. 그리고 사과 1.5 kg요. 두 사과 중 어떤 것이 더 나아요?

종업원 그 빨간 것은 이 녹색 사과만큼 좋아요. 달고 즙이 많죠.

수빈 그럼 그 녹색 사과가 더 좋아요. 더는 없어요.

---

pues 저, 그러면, 그런데 **pera** f. 배 **pinta** f. 모양새, 외모 **manzana** f. 사과 **mejor** 더 나은
verde 초록색의 **dulce** 달콤한 **jugoso/a** 즙이 많은

1 명사 비교하기

· Tomás tiene más amigos que Pablo.　　토마스는 파블로보다 친구가 많다.

· Tomás tiene menos amigos que Pablo.　　토마스는 파블로보다 친구가 적다.

· Tomás tiene tantos amigos como Pablo.　　토마스는 파블로만큼 친구가 있다.

💡 tanto는 수식하는 명사에 형태를 일치해요.

2 형용사 비교하기

· Susana es más alta que David.　　수사나는 다비드보다 키가 더 크다.

· Susana es menos alta que David.　　수사나는 다비드보다 키다 덜 크다.

· Susana es tan alta como David.　　수사나는 다비드만큼 키가 크다.

💡 tanto는 형용사를 수식하는 경우 tan으로 형태가 바뀌어요.

3 동사 비교하기

· Roberto trabaja más que José.　　로베르토는 호세보다 일을 더 한다.

· Roberto trabaja menos que José.　　로베르토는 호세보다 일을 덜 한다.

· Roberto trabaja tanto como José.　　로베르토는 호세만큼 일한다.

💡 tanto는 동사를 수식하는 경우 tan으로 형태가 바뀌어요.

4 불규칙한 형태의 비교 표현 알기

· Este coche es mejor que aquel.　　이 자동차가 저것보다 더 낫다.

· Mi madre es mayor que mi padre.　　우리 어머니는 아버지보다 연상이시다.

· Mi madre es menor que mi padre.　　우리 어머니는 아버지보다 연하이시다.

💡 más bueno (X) → mejor (O), más grande (X) → mayor (O), más pequeño/a (X) → menor (O)

Madrid

말문 E GO!

💬 Diálogo 2 🎧 Track 15-02

다운이는 엘레나에게 자신의 여동생 사진을 보여주어요.

Daun	Mira, esta es la foto de mi hermana pequeña.
Elena	¡Es guapísima! ¿De verdad es tu hermana?
Daun	Claro que sí. Tiene siete años menos que yo. Tengo dos hermanos y soy el mayor. ¿Y tú?
Elena	Somos tres hermanas y yo soy la menor.
Daun	Pronto va a ser su cumpleaños y quiero mandarle un regalo, pero no sé qué comprar.
Elena	¿Qué te parece un vestido o una camiseta?
Daun	Es que no sé nada sobre las cosas de las chicas. ¿Qué te parece si me acompañas a comprar su regalo?
Elena	Vale. ¿Qué tal si vamos de compras la semana que viene? Esta semana estoy ocupadísima por los exámenes.
Daun	Me parece genial. No hay problema.
Elena	Seguro que eres el hermano más simpático del mundo para ella.

다운	봐봐, 이것이 내 여동생의 사진이야.
엘레나	너무 예뻐! 진짜 네 동생이야?
다운	당연하지. 나보다 일곱 살이 적어. 나는 형제가 두 명인데 내가 장남이야. 너는?
엘레나	우린 세 자매이고 내가 막내야.
다운	곧 그 애의 생일이 되는데 선물을 하나 보내고 싶어. 하지만 무엇을 사야 할지 모르겠어.
엘레나	원피스나 티셔츠 어때?
다운	실은 내가 여자애들 물건에 대해 하나도 몰라. 그 애의 선물을 사기 위해 네가 나를 동행해주면 어때?
엘레나	알았어, 우리 다음 주에 쇼핑가면 어떨까? 이번 주에 시험 때문에 무지 바쁘거든.
다운	너무 좋아. 문제없어.
엘레나	틀림없이 너는 그 애에게 세상에서 가장 상냥한 오빠일 거야.

 guapo/a 예쁜, 잘생긴 **claro que sí** 물론이지, 당연하지 **menos** 더 적은, 더 적게 **mayor** 연상의
menor 연하의 **próximo/a** 다음의, 인접한 **mes** m. 달, 월 **mandar** 보내다 **camiseta** f. 티셔츠
cosa f. 물건, 것 **si** 만일 ~한다면 **ir de compras** 쇼핑가다 **examen** m. 시험 **semana** f. 주
ocupado/a 바쁜 **problema** m. 문제 **seguro que ~** 분명히 (~이다/하다)

Barcelona

① '가장 ~한'으로 표현하기

· Esta es la película más divertida del director español.
이것은 그 스페인 감독의 가장 재미있는 영화이다.

· Esta es la película menos divertida del director español.
이것은 그 스페인 감독의 가장 덜 재미있는 영화이다.

· Compro el teléfono móvil más caro de la tienda.
나는 그 상점에서 가장 비싼 휴대폰을 산다.

· Compro el teléfono móvil menos caro de la tienda.
나는 그 상점에서 가장 덜 비싼 휴대폰을 산다.

· Ricardo es el mayor de sus hermanos.　　　리카르도는 형제들 중에 장남이다.

· Ricardo es el menor de sus hermanos.　　　리카르도는 형제들 중에 막내이다.

· Este restaurante es el mejor de la ciudad.　　이 레스토랑은 이 도시에서 최고이다.

· Este restaurante es el peor de la ciudad.　　이 레스토랑은 이 도시에서 최악이다.

💡 비교급 불규칙형도 정관사를 수반할 경우 최상급으로 사용되어요.

② 제안하기, 응답하기

우리 커피 마실까?

· ¿Vamos a tomar un café?

· ¿Qué tal si tomamos un café?

· ¿Por qué no tomamos un café?

· ¿Qué te parece si tomamos un café?

· Por supuesto.　　　　물론이지.

· Vale, de acuerdo.　　좋아.

· ¡Qué buena idea!　　좋은 생각이야.

· Con mucho gusto.　　흔쾌히.

· (Me parece) Muy bien.　아주 좋아.

· Lo siento, no puedo.　미안해, 안 돼.

💡 ¿Por qué no + 동사?는 '~하는 것이 어때?'를 뜻하는 청유의 표현이기도 해요.

1 비교급

❶ 우등 비교 (~보다 더 ~한/~하게)

más + 명사 / 형용사 / 부사 + **que** ~ / 동사 + **más que** ~

· Jaime tiene más amigos que yo.　　　　　하이메는 나보다 더 많은 친구를 가지고 있다.

· Eres más alta que Begoña.　　　　　　　네가 베고냐보다 더 키가 크다.

· Ella estudia más que Leonardo.　　　　　그녀는 레오나르도보다 더 많이 공부한다.

❷ 열등 비교 (~보다 덜 ~한/~하게)

menos + 명사 / 형용사 / 부사 + **que** ~ / 동사 + **menos que** ~

· Hoy hace menos frío que ayer.　　　　　오늘이 어제보다 덜 춥다.

· Corres menos rápido que Carla.　　　　　너는 카를라보다 덜 빨리 뛴다.

· Pablo estudia menos que Juan.　　　　　파블로는 후안보다 공부를 덜 한다.

❸ 동등 비교 (~만큼 ~한/~하게)

tanto/a/os/as + 명사 + **como** ~ / **tan** + 형용사 / 부사 + **como** ~ / 동사 + **tanto como** ~

· Eres tan alta como mi madre.　　　　　너는 우리 엄마만큼 키가 크다.

· Tomás puede correr tan rápido como yo.　토마스는 나만큼 빨리 뛸 수 있다.

· Mario trabaja tanto como su hermano.　마리오는 그의 형만큼 일한다.

 tan과 tanto/a/os/as : tanto는 수식하는 명사에 성과 수를 일치하여 쓰고, 형용사와 부사 앞에서는 tan이
　　되어요. 동사를 수식할 경우는 tanto의 형태가 되어요.

❹ 비교급 불규칙형

más	bueno/a	➡	mejor 더 좋은, 더 잘	más grande	➡	mayor 연상의
	bien					más grande 더 큰
más	malo/a	➡	peor 더 나쁜, 더 나쁘게	más pequeño/a	➡	menor 연하의
	mal					más pequeño/a 더 작은

· Este restaurante es mejor que aquel.
   이 레스토랑이 저곳보다 낫다.

· Susana es mayor que mi hermana.
   수사나는 우리 언니보다 연상이다.

· Mis primos son unos años menores que yo.
   내 사촌들은 나보다 몇 살 연하이다.

 más bueno/bien은 mejor로, más malo/mal은 peor로 써요. 나이 비교인 경우 más grande나 más
viejo/a는 mayor로, más pequeño/a나 más joven은 menor로 써요. 이 불규칙형은 복수형이 있어요.

2 최상급 (가장 ~한)

- 정관사 (+ 명사) + más / menos + 형용사 (+ de / entre~)
- 정관사 (+ 명사) + más / menos + 형용사 + que~

· Laura es la más alta de mis amigas.
   라우라는 내 친구들 중에서 가장 키가 큰 친구이다.

· El Everest es la montaña más alta (del mundo).
   에베레스트는 (세계에서) 가장 높은 산이다.

· Estos camareros son los menos amables de todos.
   이 종업원들이 전체에서 가장 상냥하지 않은 이들이다.

· María es la chica más lista que conozco.
   마리아는 내가 아는 가장 똑똑한 소녀이다.

· El cambio climático es el problema más serio que tenemos.
   기후 변화는 우리가 가진 가장 심각한 문제이다.

> ■ 정관사 + mejor / peor / mayor / menor (+ 명사) (+ de / entre~)
> ■ 정관사 + mejor / peor / mayor / menor (+ 명사) + que ~

· Rosa es la mejor estudiante de su clase.　　로사는 자신의 반에서 가장 훌륭한 학생이다.

· Soy el mayor/menor entre mis hermanos.　　나는 내 형제들 중 장남/막내이다.

· Esto es el peor problema que tiene el país.　　이것은 그 나라가 가진 최악의 문제이다.

· El pollo es el mejor plato que sé cocinar.　　치킨이 내가 만들 줄 아는 최고의 요리이다.

3 절대 최상급 어미 -ísimo/a/os/as

부사에는 -ísimo, 형용사에는 성과 수에 따라 -ísimo/a/os/as를 첨가하여 다른 대상과 비교 없이 '매우 ~ 한/하게'를 뜻하는 최상급의 기능을 하도록 만들어요.

❶ 최종 철자가 모음인 낱말 ➡ 최종 모음을 제거하고 -ísimo/a/os/as 첨가

· Pedro corre rapidísimo. (rápido)　　페드로는 매우 빨리 뛴다.

· Inés y Marta son listísimas. (listas)　　이네스와 마르타는 매우 똑똑하다.

❷ 최종 철자가 자음인 낱말 ➡ 최종 자음 끝에 -ísimo/a/os/as 첨가

· Este problema es dificilísimo. (difícil)　　이 문제는 매우 어렵다.

❸ 철자가 바뀌는 경우

> ■ blanco/a → blanquísimo/a　　■ simpático/a → simpatiquísimo/a
> ■ cerca → cerquísima　　■ feliz → felicísimo/a
> ■ amable → amabilísimo/a　　■ joven → jovencísimo/a

· El profesor vive cerquísima de aquí.　　선생님은 이곳에서 무척 가까이에 사신다.

· La chica parece simpatiquísima.　　그 소녀는 정말 상냥해 보인다.

어휘 늘리GO!

Track 15-03

 동물들(Animales)

el león 사자

el elefante 코끼리

el cocodrilo 악어

la serpiente 뱀

el tigre 호랑이

el oso 곰

el caballo 말

el cerdo 돼지

el perro 개

el gato 고양이

la oveja 양

la gallina 암탉

el mono 원숭이

el/la ratón 쥐

la vaca 암소

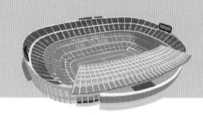
A 그림을 보고 빈칸에 들어갈 알맞은 말을 써보세요.

chaqueta
120 €

falda
55 €

camiseta
34 €

pantalones
85 €

blusa
85 €

1. La falda es _____ cara _____ la camiseta.

2. Los pantalones son _____ caros _____ la blusa.

3. La camiseta es _____ cara _____ la chaqueta.

4. La chaqueta no es _____ barata _____ la camiseta.

B 빈칸에 tan, tanto/a/os/as 중에서 알맞은 말을 써보세요.

1. Tengo _____ libros como el doctor Kim.

2. En este bar no hay _____ gente como ayer.

3. Esa película es _____ interesante como esta.

4. Ese chico come _____ como su padre.

C 제시된 말을 최상급형으로 만들어 빈칸에 알맞게 써보세요.

> **보기**   pequeño/a   bueno/a   malo/a   viejo/a

1. Roberto es _____. Su hermana tiene dos años más que él.

2. ¡Cómo me gusta esta película! Esta es _____ película de mi vida.

3. Sofía es _____. Su hermano tiene cinco años menos que ella.

4. ¡Qué mala está! Esta es _____ carne de mi vida.

D Luis와 종업원의 대화를 듣고 바르게 이해한 것을 고르세요.   🎧 Track 15-04

1. A Luis le gusta más la camiseta azul ǀ blanca .

2. Luis cree que la tela de la camiseta blanca es mejor ǀ peor que la azul.

3. La camiseta blanca es más cara ǀ menos cara que la verde.

4. La dependienta dice que la mejor camiseta de la tienda es la azul ǀ la verde .

desear 원하다   **tela** f. 천, 헝겊   **mismo/a** 같은, 동일한   **demasiado** 너무, 지나치게

E 비교급이나 최상급의 표현이에요. 빈칸에 들어갈 알맞은 말을 써보세요.

1. **A :** Carlos es muy simpático, ¿no?

   B : Sí, creo que es _____ simpático de la clase.

2. **A :** ¡Qué calor!

   B : Hace mucho _____ calor _____ ayer.

3. **A :** ¿Sabes quién es Elon Musk?

   B : Claro, es _____ rico del mundo.

4. **A :** Andrés y Ricardo juegan muy mal al tenis.

   B : Sí, Andrés juega _____ mal _____ Ricardo.

스페인어권 세계 만나GO!

스페인의 공용어와 공동공용어

스페인에는 그리스-로마 시대 이전에도 매우 다양한 민족과 문화가 존재했어요. 이후 오랫동안 로마 제국의 일부로서 라틴어를 받아들였고, 이슬람 문명과 공존했던 시기를 거치며 여러 언어가 파생, 성장하게 되었어요. 국가적인 공용어 español(스페인어)이 있지만 거주하는 지역에 따라 많은 사람들이 이중 언어를 구사해요. 아울러, 소규모 방언들도 꽤 여럿 존재해요.

스페인 헌법 제3조에는 castellano까스떼야노를 국가의 공용어로 규정하고 모든 스페인인은 이를 알아야 할 의무와 사용할 권리가 있다고 명시되어 있어요. 따라서 스페인의 공용어는 castellano까스떼야노예요. 이는 라틴어의 후손어이며 스페인 중북부 지역이었던 Castilla까스띠야 지역에서 기원했어요. 우리는 이를 español(스페인어)로 지칭하는데, 이는 지역을 망라한 모든 스페인어 화자들의 공통어이자 세계에서 네 번째의 최대 언어이며 외국어로서의 스페인어 학습에서 선택한 명칭이기도 해요.

한편, 스페인은 castellano가 다른 3개의 공동공용어(lenguas cooficiales)와 공존하는 다국어 국가예요. 역시 현행 스페인 헌법 3조에는 스페인의 나머지 언어들은 자치법에 의해 해당 자치 공동체에서 공용어의 지위를 획득한다고 규정하고 있어요.

먼저, catalán(카탈루냐어)은 스페인 최대의 공동공용어로 라틴어의 후손어예요. Cataluña와 Valencia, Islas Baleares 자치 공동체에서 약 1,150만 명이 사용해요. 두 번째로, gallego(갈리시아어)는 거의 200만 명이 사용하며, Galicia 자치 공동체의 언어예요. 이 또한 라틴어에서 기원했으며 포르투갈어와 유사해요. 세 번째로, vasco(바스크어)가 있어요. 이는 País Vasco와 Navarra 북부 일부 지역의 공동공용어로서 약 100만 명이 사용해요. 기원을 알 수 없는 이 언어는 스페인뿐만 아니라 전 세계의 어느 언어와도 계통적으로 무관한 복잡하고 미스터리한 언어라고 해요.

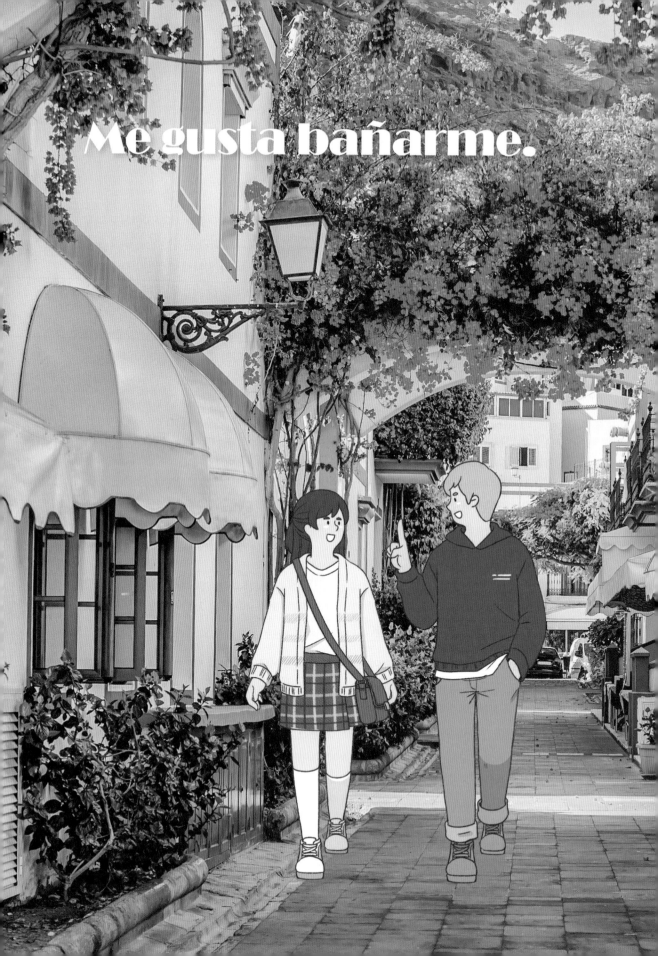

Capítulo
16

Me gusta bañarme.

나는 목욕하는 것을 좋아해.

▲ MP3 음원

16강

⟍ 학습 목표

재귀동사와 타동사를 구분하여 사용
할 수 있다.
dormir 동사와 empezar 동사를 사용
할 수 있다.

⟍ 공부할 내용

재귀동사
dormir 동사
empezar 동사

⟍ 주요 표현

Me despierto temprano.
¿Duermes tarde?
La clase empieza a las 9:00.

◀ 그랑 카나리아섬의 남서쪽에 위치한 항구인
푸에르토 데 모간. 사시사철 싱그러운 꽃들과
열대 식물로 가득찬 골목으로 이루어져 있다.

Madrid

말문트GO!

💬 **Diálogo 1** 🎧 Track 16-01

다운이와 수빈이는 하루 일과를 말해요.

Profesora Pérez
Ya sabéis utilizar los verbos reflexivos. Así que vamos a hablar de vuestras rutinas diarias con estos verbos. ¿Quién va a empezar?

Daun
Yo. Bueno, yo me despierto a las siete y media de la mañana, me ducho rápido, me visto y desayuno. Luego voy a clase. Después de terminar todas las clases vuelvo a casa. Veo un poco la tele o juego con el ordenador. Antes de dormir me quito la ropa, me pongo el pijama y me lavo los dientes. Sobre las once me acuesto. ¿Cuál es tu rutina, Subin?

Subin
Mi rutina es casi igual que la tuya. Me levanto a las seis y media cada día y luego me ducho y me visto. Desayuno en un bar cerca de mi casa y voy a clase. Por la tarde hago los deberes y ceno un poco. Me gusta bañarme tranquilamente antes de dormir. Me acuesto a las once y media.

페레스 선생님
이제 여러분은 재귀동사를 사용할 줄 알게 되었어요. 그러니 이 동사들로 여러분의 일과에 대해 이야기해봅시다. 누가 시작할까요?

다운
저요. 저는 아침 7시 반에 깨요. 빠르게 샤워하고 옷 입고 아침을 먹지요. 그리고는 수업에 갑니다. 모든 수업을 마친 후에 집에 돌아가요. TV를 조금 보거나 컴퓨터를 가지고 놀아요. 잠자기 전에 옷을 벗고 잠옷을 입고 이를 닦습니다. 11시쯤 잠자리에 듭니다. 너의 일과는 어떤 거야, 수빈?

수빈
내 일과는 너의 것과 거의 같아. 저는 매일 6시 반에 일어나요. 그리고는 샤워하고 옷을 입지요. 제 집 근처에 있는 바에서 아침을 먹고 수업에 가요. 오후에는 숙제를 하고 저녁식사를 조금 해요. 저는 잠자기 전에 차분하게 목욕하는 것을 좋아합니다. 11시 30분에 잠자리에 들어요.

---

 utilizar 사용하다, 이용하다 **verbo reflexivo** m. 재귀동사 **así que** 그래서, 그리하여 **rutina** f. 일과
diario/a 매일의 **empezar** 시작되다, 시작하다 **despertarse** 깨다 **ducharse** 샤워하다
rápido/a 빠르게 **vestirse** 옷을 입다 **desayunar** 아침식사를 하다 **terminar** 끝내다, 마치다
preparar 준비하다 **tele** f. TV(= televisión) **ordenador** m. 컴퓨터(= la computadora)
dormir 잠을 자다 **quitarse** 치우다, 벗다 **ponerse** ~을/를 입다, 걸치다 **lavarse** 씻다, 닦다
diente m. 치아 **sobre** ~시 쯤 **acostarse** 잠자리에 들다, 눕다 **igual que** ~ ~와/과 똑같게
levantarse 일어나다 **deber** m. 의무, 과제 **bañarse** 목욕하다 **tranquilamente** 차분하게

Barcelona

① 일상적인 일 표현하기

이 닦기 (lavarse los dientes) → 옷 입기 (vestirse) → 머리 빗기 (peinarse el pelo)

- (Yo)　Me lavo los dientes, me visto y me peino el pelo.
- (Ella)　Se lava los dientes, se viste y se peina el pelo.

세수하기 (lavarse la cara) → 화장하기 (maquillarse) → 자켓 입기 (ponerse la chaqueta)

- (Tú)　　　Te lavas la cara, te maquillas y te pones la chaqueta.
- (Nosotras)　Nos lavamos la cara, nos maquillamos y nos ponemos la chaqueta.

일어나기 (levantarse) → 샤워하기 (ducharse) → 바지 입기 (ponerse los pantalones)

- (Tú y yo)　Nos levantamos, nos duchamos y nos ponemos los pantalones.
- (Álex)　　Se levanta, se ducha y se pone los pantalones.

💡 재귀대명사가 동사에 필수적으로 수반되어야 함을 기억해야 해요.

② 잠을 잔다고 말하기

- Subin duerme siete horas al día.　　　　수빈은 하루에 7시간을 잔다.
- Subin y tú dormís siete horas al día.　　수빈과 너는 하루에 7시간을 잔다.
- Ellos duermen siete horas al día.　　　그들은 하루에 7시간을 잔다.

💡 dormir는 o → ue 패턴의 불규칙동사예요.

③ 시작한다고 말하기

- La clase empieza a las nueve.　　수업은 9시에 시작한다.
- Hoy empiezas el trabajo.　　　너는 오늘 일을 시작한다.
- Empezamos bien el día.　　　우리는 하루를 잘 시작한다.

💡 empezar는 e → ie 패턴의 불규칙동사예요.

말문 터 GO!

💬 Diálogo 2 🎧 Track 16-02

루이스는 알렉스에게 병원에 가보라고 말해주어요.

Álex	Luis, ¿me ayudas a levantar esta caja? Es que empieza a dolerme la espalda.	알렉스	루이스, 이 상자를 들게 나 좀 도와줄래? 등이 아프기 시작해서 그래.
Luis	¿Otra vez? ¿Por qué no vas al médico? Ya tienes que dejar de levantar pesas y debes aprender a vivir con el dolor.	루이스	또? 병원에 가지 그래? 너 이제 바벨 드는 것은 그만 둬야만 하고 통증과 사는 법을 배워야만 해.
	[...]		[...]
Recepcionista	Consulta del doctor Otero, ¿dígame?	접수처 직원	오테로 박사님의 병원입니다. 말씀하시겠어요?
Álex	Buenos días, quiero pedir cita con el doctor mañana por la mañana, por favor. Me llamo Álex Morales.	알렉스	안녕하세요, 내일 오전에 박사님과 진료 예약을 하고 싶습니다. 저는 알렉스 모랄레스라고 합니다.
Recepcionista	¿Le viene bien mañana a las nueve y media de la mañana?	접수처 직원	내일 아침 9시 30분 괜찮으십니까?
Álex	Perfecto.	알렉스	완벽합니다.

---

 levantar 들다 **caja** f. 상자 **espalda** f. 등 **vez** f. 횟수, 차례 **cita** f. 약속 **pesa** f. 바벨
aprender 배우다, 습득하다 **recepcionista** m.f. 접수처 직원 **¿Dígame?** 여보세요? 말씀하세요?
perfecto/a 완벽한

1 동사원형과 함께 구성되는 표현 알아보기

■ ~하기 시작하다

· Empezamos a gritar.   우리는 소리 지르기 시작한다.

· Empieza a hacer calor.   날씨가 더워지기 시작한다.

· La profesora empieza a hablar.   선생님이 말씀을 시작하신다.

■ ~하는 것을 배우다

· Quiero aprender a tocar el piano.   나는 피아노 치는 법을 배우고 싶다.

· ¿Por qué aprendes a hablar español?   너는 스페인어 말하는 법을 왜 배우니?

· Subin y yo vamos a aprender a conducir.   수빈과 나는 운전하는 법을 배울 것이다.

■ ~하도록 돕다

· Te ayudo a limpiar la casa.   네가 집을 청소하는 것을 도와줄게.

· Ella ayuda al niño a levantarse.   그녀는 일어서도록 그 아이를 도와준다.

· ¿Me ayuda usted a subir estas maletas?   이 트렁크들을 올려놓도록 도와주실래요?

■ 막 ~하다

· Acabamos de cenar.   우리는 막 저녁을 먹었다.

· Acabo de ducharme.   나는 막 샤워했다.

· Elena acaba de llamarme.   엘레나가 방금 나에게 전화했다.

1 재귀동사

❶ 재귀대명사를 타동사 앞에 함께 써서 행위의 결과가 주어에게 되돌아감을 뜻해요.

	재귀대명사	acostarse (눕히다 → 눕다)	despertarse (깨우다 → 깨다)	vestirse (옷 입히다 → 옷 입다)
yo	me	acuesto	despierto	visto
tú	te	acuestas	despiertas	vistes
usted, él, ella	se	acuesta	despierta	viste
nosotros/as	nos	acostamos	despertamos	vestimos
vosotros/as	os	acostáis	despertáis	vestís
ustedes, ellos, ellas	se	acuestan	despiertan	visten

(+)

Despierto a Ana.
나는 아나를 깨운다.

Ana se despierta.
아나는 잠에서 깬다.

Visto a mi hija.
나는 딸을 옷 입힌다.

Me visto sola.
나는 혼자 옷 입는다.

· Acuesto al niño en la cama.

· Me acuesto a las once.

나는 아이를 침대에 눕힌다.

나는 11시에 잠자리에 든다.

- Levantamos a la niña.   우리는 아이를 일으킨다.

- Nos levantamos temprano.   우리는 일찍 일어난다.

💡 lavarse, levantarse 는 재귀동사의 동사원형을 제시하는 방식이에요.

❷ 목적대명사는 재귀대명사와 동사 사이에 위치해요.

- Mar se peina el pelo. → Mar se lo peina.   마르는 그것을(머리를) 빗는다.

- ¿No te lavas las manos? → ¿No te las lavas?   너는 그것(손)을 안 닦니?

❸ 재귀동사가 동사원형과 함께 구성될 경우, 재귀대명사는 이 동사원형 뒤에 붙여 쓸 수 있으며, 이때 동사가 강세를 상실하면 원래 강세 위치에 부호를 첨가해요.

- Me voy a duchar. = Voy a ducharme.   나는 샤워할 것이다.

- ¿Te vas a lavar los pies? = ¿Vas a lavártelos?   너는 그것(발)을 닦을 거니?

💡 현재분사가 포함된 경우에도 재귀대명사는 그 뒤에 붙여 쓸 수 있으며, 긍정명령형의 경우는 꼭 그 뒤에 첨가해서 써요. (Estoy lavándome las manos = Me estoy lavando las manos. / Lávatelas.)

❹ 3인칭 복수형의 동사들은 '서로'라는 상호적 의미로 사용될 수 있어요.

- Ellos se casan este sábado.   그들은 이번 토요일에 결혼한다.

- Nos escribimos cartas.   우리는 서로 편지를 쓴다.

❺ 기타 재귀동사로 쓸 수 있는 동사들

levantarse(일어나다)	afeitarse(면도하다)	lavarse(씻다, 닦다)	peinarse(머리 빗다),
bañarse(목욕하다)	ducharse(샤워하다)	quitarse(벗다, 빼다)	sentarse(앉다),
ponerse + 의류/장신구(~을/를 입다, 걸치다)		sentirse(느끼다)	probarse(입어보다, 끼어보다) 등

💡 보통 주어의 신체 일부나 옷, 장신구 등에는 소유사를 사용하지 않아요.
Se lava los dientes.(○) Se lava sus dientes.(×)
Me pongo los zapatos.(○) Me pongo mis zapatos.(×)

2 **동사원형과 함께 구성되는 동사들**

> **empezar a** + 동사원형 ~하기 시작하다

- Cecilia empieza a cantar.
  세실리아가 노래하기 시작한다.

> **aprender a** + 동사원형 ~하는 것을 배우다

- El niño aprende a leer.
  아이는 읽는 법을 배운다.

> **ayudar a** + 동사원형 ~하도록 돕다

- Te ayudo a sentarte en la silla.
  나는 너를 의자에 앉도록 돕는다.

> **volver a** + 동사원형 다시 ~하다

- No quiero volver a verte.
  나는 너를 다시 보고 싶지 않다.

> **enseñar a** + 동사원형 ~하는 것을 가르치다

- ¿Usted me enseña a nadar?
  제게 수영하는 법을 가르쳐주실래요?

> **dejar de** + 동사원형 ~하는 것을 그만두다

- Ella deja de trabajar en la oficina.
  그녀는 그 사무실에서 근무하는 것을 그만둔다.

> **acabar de** + 동사원형 막 ~하다

- Enrique acaba de llegar a casa.
  엔리케는 막 집에 도착했다.

> **parar de** + 동사원형 ~하는 것을 멈추다

- Ya para de llover.
  이제 비가 그친다.

3 **dormir 동사 (잠을 자다)**

- Felipe duerme en el sofá. 펠리페는 소파에서 잠을 잔다.

- Normalmente duermo a las doce. 보통 나는 12시에 잔다.

 동사 변화 duermo, duermes, duerme, dormimos, dormís, duermen

4 **empezar 동사 (시작하다)**

- La profesora empieza la clase. 선생님이 수업을 시작하신다.

- La lluvia va a empezar esta noche. 비는 오늘 밤에 시작될 것이다.

 동사 변화 empiezo, empiezas, empieza, empezamos, empezáis, empiezan

Granada

 Track 16-03

★ 수빈의 하루 일과(**La rutina diaria de Subin**)

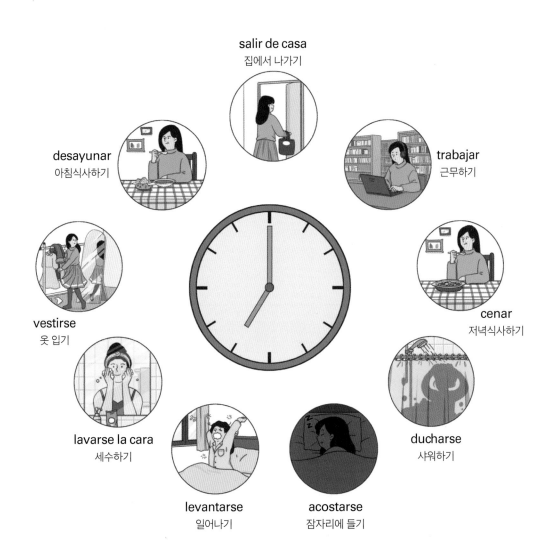

salir de casa
집에서 나가기

desayunar
아침식사하기

trabajar
근무하기

vestirse
옷 입기

cenar
저녁식사하기

lavarse la cara
세수하기

ducharse
샤워하기

levantarse
일어나기

acostarse
잠자리에 들기

실력 높이 GO!

Ibiza

A

Miguel이 오늘 한 일을 빠른 순서대로 정렬해 보세요.

① Se despierta.

② Se viste.

③ Se acuesta.

④ Se levanta.

⑤ Se ducha.

_____ → _____ → _____ → _____ → _____

B

제시된 동사들에서 빈칸에 알맞은 것을 골라 주어에 맞게 써보세요.

보기   casar(se)   duchar(se)   lavar(se)   acostar(se)

1. Roberto _____ los dientes después de comer.

2. Ella _____ a sus hijos cada noche.

3. Cristina y Eduardo _____ el próximo año.

4. César _____ antes de desayunar.

5. Clara _____ a su hija el próximo mes.

C 빈칸에 제시된 동사의 알맞은 형태를 써보세요.

1. ¿A qué hora _____ (tú, dormir) normalmente?

2. Ya voy a _____ (acostar[se]). Estoy muy cansado.

3. Mañana _____ (empezar) el semestre.

4. ¿Ustedes _____ (levantar[se]) temprano?

5. Marta ya _____ (vestir[se]) sola.

cansado/a 피곤한 solo/a 혼자서 semestre m. 학기

D Subin과 Álex의 대화를 듣고 이해한 내용이 맞는지 틀리는지 표시해 보세요. 🎧 Track 16-04

1. Subin se levanta a las ocho.　　　　　　　　○　✕

2. Álex se levanta a las ocho.　　　　　　　　○　✕

3. Subin se ducha antes de dormir.　　　　　　○　✕

4. Álex se ducha por la mañana.　　　　　　　○　✕

madrugador(a) m.f. 새벽에 일찍 일어나는 사람

E Eva의 일과를 읽고 빈칸에 들어갈 말을 <보기>처럼 동사원형을 포함하여 써보세요.

Todos los días me levanto a las seis y media. Me arreglo a las siete y desayuno a las siete y media. Llego al trabajo a las ocho y media.
A las dos siempre como con mis compañeros. Salgo del trabajo a las seis. Luego, tengo clase de yoga, pero ya no me gusta. Creo que ya no voy a ir. Desde hoy voy a un curso de guitarra a las siete y media.

arreglarse 매무새를 정돈하다, 치장하다

보기   Son las ocho. Eva aprende a tocar la guitarra.

---

1. Son las nueve. Eva _____. (empezar)

2. Son las dos y cuarenta y cinco. Eva _____. (acabar)

3. Son las tres y media. Eva _____. (volver)

4. Son las siete y media. Eva _____. (dejar)

스페인어권 세계 만나GO!

Hispanoamérica의 원주민과 토착어

이스빠노아메리카는 지구상에서 가장 큰 인종 다양성을 보이는 지역이에요. 역사를 거치며 발생한 인종의 이동에 의해 국가마다 다른 인종 비율과 혼혈 양상을 나타내요. 대표적으로 amerindios 또는 indígenas(토착민), mestizos(백인-원주민 혼혈인), criollos(백인), afroamericanos(흑인 혼혈인이나 흑인)의 인종으로 구분해요.

유럽인에게 아메리카 대륙이 알려지기 전에 이미 존재했던 사람들을 amerindios 또는 indígenas라고 하며, 이 원주민 인구의 비율이 높은 국가는 Guatemala, Ecuador, Perú, Bolivia 등이에요. 물론 México, Honduras 및 다른 국가들에도 다수 존재하지요. 현재 약 1800만 명의 원주민 인구를 추정하고 있어요.

셀 수 없이 많은 언어가 존재했었으나 다수가 유럽인들의 식민화 과정에서 소멸되었지요. 현재는 900여 개의 토착어가 사용되고 있다는 주장도 있어요. 그러나 약 17개의 토착어만이 10,000 명 이상의 화자가 있으며, 많은 언어가 스페인어나 포르투갈어 사용 지역에 있고 보통은 노인들에 의해 사용되므로 소규모 언어의 소멸은 시간문제인 것이지요.

모든 토착어 중 quechua와 guaraní의 화자수가 가장 많은데요, quechua는 Perú, Bolivia, Argentina, Ecuador, Colombia에서 약 1,400만 명의 화자가 사용하고, guaraní는 Paraguay, Bolivia, Argentina에서 거의 650만 명이 사용해요. 기타 주요 언어로는 Argentina, Bolivia, Perú의 aimara(150만), México의 náhuatl(170만), Guatemala의 quiché와 México의 maya(각각 90만) 등이 있어요.

¿Qué estás haciendo?

Capítulo
17

¿Qué estás haciendo?

너 뭐 하는 중이니?

▲ MP3 음원

17강

학습 목표
현재진행형에 대해 이해하고 사용할
수 있다.
미래시제를 사용할 수 있다.

공부할 내용
현재진행형
미래시제
si 가정문
probarse 동사

주요 표현
¿Qué estás haciendo?
Si nos vemos en Seúl, ¿qué tal
será?
¿Te pruebas esta camiseta?

◀ 바르셀로나의 동쪽 지중해 해안선을 따라
이어져있는 해안가, 바르셀로네타 해변이다.

말문 ㅌGO!

💬 Diálogo 1 🎧 Track 17-01

다운이는 역에서 루이스를 기다리고 있어요.

Daun ¡Luis, soy yo! ¿Estás en casa?

Luis Hola, estoy a punto de salir para la estación. Acabo de preparar unos bocadillos para el viaje.

Daun Muchas gracias. Es que todos nosotros ya llegamos a la estación y te estamos esperando.

Luis ¿Sí? ¿Qué estáis haciendo?

Daun Elena y yo estamos desayunando. Y Subin está comprando bebidas. ¿Cuándo llegas?

Luis Si cojo un taxi, llego dentro de diez minutos.

Daun Estupendo. Ah, una cosa. ¿Le preguntas a Álex si quiere venir con nosotros?

Luis Todavía está durmiendo.

Daun De acuerdo. Si no nos encuentras en el bar, me llamas, ¿vale?

Luis Muy bien. Hasta ahora.

다운	루이스, 나야! 집에 있는 거야?
루이스	안녕, 지금 막 역으로 출발하려는 참이야. 방금 여행을 위해 보카디요를 몇 개 만들었어.
다운	정말 고마워. 그런데 우리 이미 역에 도착해서 너를 기다리는 중이야.
루이스	그래? 너희들 뭐 하는 중이야?
다운	엘레나와 나는 아침 먹는 중이야. 그리고 수빈이는 음료를 사는 중이야. 언제 도착해?
루이스	택시를 타면 10분 후에 도착해.
다운	아주 좋아. 아, 한 가지 더. 알렉스에게 우리와 함께 가고 싶은지 물어볼래?
루이스	아직도 자는 중이야.
다운	알았어. 만일 우리를 바에서 못 찾으면 내게 전화해, 알았지?
루이스	좋아. 곧 보자.

estar a punto de + 동사원형 막 ~하려는 참이다　**para** ~을/를 향하여
bocadillo m. 바게트로 만든 샌드위치　**viaje** m. 여행　**bebida** f. 음료, 마실 것
minuto m. 분　**encontrar** 발견하다, 찾다

핵심 배우GO!

Barcelona

1 현재분사 만들어보기

- estudiar → estudiando
- hacer → haciendo
- vivir → viviendo

- nevar → nevando
- llover → lloviendo
- abrir → abriendo

💡 불규칙형이 있다는 사실을 기억해야 해요.

2 진행 중인 일 표현하기

- Estoy bailando.   나는 춤추는 중이다.

- ¿Estás cenando?   너 저녁 먹는 중이야?

- Mi madre está hablando por teléfono.   우리 어머니는 전화 통화 중이시다.

- Él y yo estamos aprendiendo español.   그와 나는 스페인어를 배우는 중이다.

- Tú y tu hermano estáis comiendo churros.   너와 네 동생은 추로스를 먹는 중이다.

💡 일시적으로 진행되는 일이나 상황을 나타내요.

3 어떤 일을 가정하여 말해보기

- Si te levantas temprano, no vas a llegar tarde.   너 일찍 일어나면 지각하지 않을 거야.

- Si no come usted ahora, tendrá hambre luego.   지금 식사 안하시면 이따 시장하실 거예요.

- No puedo conducir si nieva mucho.   눈이 많이 오면 나는 운전할 수 없어.

- Duerme un poco si te duele la cabeza.   머리가 아프면 잠을 조금 자.

💡 sí (예) / si (만일 ~한다면)

Madrid

말문트GO!

 Diálogo 2 🎧 Track 17-02

엘레나와 수빈이는 여름방학 계획에 대해서 말해요.

Elena	¿Qué vas a hacer en las vacaciones de verano?
Subin	Tengo una prima que vive en París y creo que pasaré el verano con ella. Y tú, ¿qué vas a hacer?
Elena	No sé. A lo mejor viajaré por la Europa del Norte. Sobre todo, quiero conocer Holanda.
Subin	Yo también. Algún día iré a conocer esos países.
Elena	Me gusta mucho viajar. Ahorraré dinero para viajar a Corea. Si nos vemos en Seúl, ¿qué tal será?
Subin	¡En Seúl! ¡Yo te esperaré en Corea! Por cierto, Elena, ¿te pruebas esta camiseta? Te la doy si te gusta.
Elena	A ver, me la pruebo... Mira, es mi talla y me gusta mucho.
Subin	Ahora es tuya. Ahí está escrito "Nos vemos en Corea".

엘레나 여름 방학에 뭐 할 거야?

수빈 파리에 사는 사촌이 하나 있는데 내 생각에는 그 애와 여름을 보낼 것 같아. 넌 뭐 할 거야?

엘레나 모르겠어. 아마 북유럽을 여행할거야. 특히 네덜란드를 가보고 싶어.

수빈 나도. 언젠가 그 나라들을 방문하러 갈 거야.

엘레나 나는 여행하는 것을 무척 좋아해. 한국에 여행가기 위해 저축할래. 우리 서울에서 보게 되면 어떨까?

수빈 서울에서! 내가 한국에서 너를 기다릴게! 그건 그렇고, 엘레나, 이 티셔츠 입어볼래? 마음에 들면 네게 그것을 줄게.

엘레나 어디보자, 내가 입어볼게... 이것 봐, 내 사이즈고 무척 마음에 들어.

수빈 이제 네 거야. 거기에 "우리 한국에서 만나요"라고 쓰여 있어.

---

 vacación f. 방학, 휴가　**primo/a** m.f. 사촌　**pasar** 보내다　**a lo mejor** 아마　**viajar** 여행하다
sobre todo 특히　**algún(a)** 어떤　**país** m. 나라, 국가　**ahorrar** 저축하다, 아끼다　**verse** 만나다
probarse 착용해보다　**camiseta** f. 티셔츠　**talla** f. 사이즈, 치수　**escrito/a** 써진, 쓰여 있는

Barcelona

1 미래의 일을 표현하기

· Mi madre volverá tarde de la oficina.

엄마는 사무실에서 늦게 돌아오실 것이다.

· Este invierno hará mucho frío.

이번 겨울에는 날씨가 추울 것이다.

· Me levantaré tarde mañana porque es festivo.
나는 내일이 공휴일이기 때문에 늦게 일어날 것이다.

💡 미래시제는 미래의 일을 이야기하는 기능이 있어요.

2 추측하기

· Te gustarán mis amigos si los conoces.

내 친구들을 만나보면 네 마음에 들 거야.

· Mi madre estará en casa.

우리 엄마는 집에 계실 것이다.

· El profesor tendrá 45 años.

선생님은 45세쯤이실 것이다.

💡 미래시제는 현재 시점에서의 추측도 표현해요.

3 '입어보다, 신어보다, 껴보다'라고 표현하기

· ¿Puedo probarme este abrigo?

이 코트를 입어볼 수 있나요?

· Claro. ¿Cuál es su talla?

물론이죠. 사이즈가 어떻게 되세요?

· ¿Se prueba usted estos zapatos?

이 구두를 신어보시겠어요?

· Sí, me los pruebo.

예, 그것을 신어보겠습니다.

· ¿Quieres probarte estas dos camisas?

이 두 개의 셔츠를 입어보고 싶어?

· Sí, quiero probármelas.

응, 그것들을 입어보고 싶어.

💡 probarse는 '입어보다, 껴보다'를 뜻하고 probar는 '맛보다, 테스트해보다' 등을 의미해요.

1 현재진행형

ESTAR 동사 + 현재분사

yo tú usted, él, ella nosotros/as vosotros/as ustedes, ellos, ellas	+	estoy estás está estamos estáis están	+	**-ar 동사** habl -ar	**-er 동사** com -er	**-ir 동사** viv -ir
				↓	↓	↓
				habl-ando **cen**-ando **estudi**-ando	**com**-iendo **beb**-iendo **llov**-iendo	**viv**-iendo **abr**-iendo **sub**-iendo

불규칙형 현재분사	ir	yendo	decir	diciendo	dormir	durmiendo
	leer	leyendo	venir	viniendo	seguir	siguiendo
	vestir	vistiendo	pedir	pidiendo	sentir	sintiendo

❶ 진행 중인 행위나 일시적인 상황을 나타내요.

· ¿Qué está haciendo usted?　　　　　　　　　　뭐 하고 계세요?

· Estoy leyendo un libro.　　　　　　　　　　　독서 중이에요.

❷ 직·간접목적대명사나 재귀대명사는 estar 동사 앞이나 현재분사 뒤에 붙여 쓸 수 있는데, 이 때 현재분사의 강세 위치가 바뀔 경우 원래 강세 위치에 부호를 첨가해요.

· Lo estoy comiendo = Estoy comiéndolo.　　　나는 그것을 먹고 있다.

· Juan se está duchando = Juan está duchándose.　후안은 샤워 중이다.

💡 현재분사는 성·수의 형태가 변하지 않아요. (Elena está cantando. 엘레나가 노래하고 있다)

2 **si 가정문**

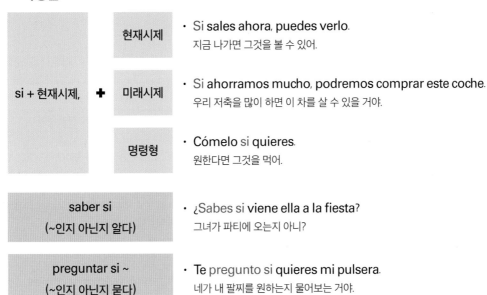

si + 현재시제, **+**	현재시제	• Si sales ahora, puedes verlo. 지금 나가면 그것을 볼 수 있어.
	미래시제	• Si ahorramos mucho, podremos comprar este coche. 우리 저축을 많이 하면 이 차를 살 수 있을 거야.
	명령형	• Cómelo si quieres. 원한다면 그것을 먹어.
saber si (~인지 아닌지 알다)		• ¿Sabes si viene ella a la fiesta? 그녀가 파티에 오는지 아니?
preguntar si ~ (~인지 아닌지 묻다)		• Te pregunto si quieres mi pulsera. 네가 내 팔찌를 원하는지 물어보는 거야.

3 **미래시제**

동사 유형과 상관없이 동사원형에 주어에 맞춰 미래시제 어미를 첨가해요.

| 동사원형 **+** | -é
-ás
-á
-emos
-éis
-án | cenaré, cenarás, cenará, cenaremos, cenaréis, cenarán

beberé, beberás, beberá, beberemos, beberéis, beberán

viviré, vivirás, vivirá, viviremos, viviréis, vivirán |

불규칙형 동사: 어근이 바뀐 상태에서 어미를 첨가해요.

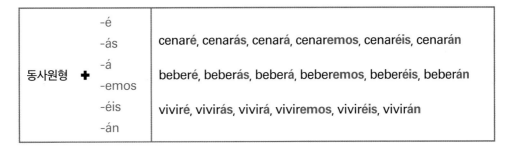

| decir
hacer
poder
querer
saber
salir
tener
venir
poner
haber | dir-
har-
podr-
querr-
sabr-
saldr-
tendr-
vendr-
pondr-
habr- | **+** | **-é**

-ás

-á

-emos

-éis

-án |

- Mañana vendrá mi hermano.　　　　　　　내일 우리 형이 올 것이다.

- Tendremos que hablar pronto con el profesor.
  우리는 곧 선생님과 이야기해야 할 것이다.

- Saldrán de Sevilla temprano.　　　　　　그들은 세비야에서 일찍 출발할 것이다.

- Subin y Luis no podrán ayudarte.　　　　수빈과 루이스는 너를 도와주지 못할 것이다.

- Luego sabremos el resultado.　　　　　　나중에 우리는 결과를 알게 될 것이다.

- Ellos no querrán hacer este trabajo.　　　그들은 이 일을 하고 싶어 하지 않을 것이다.

💡 haber : hay의 동사원형으로 사람/사물의 존재나 위치는 habrá 만 사용해요.
　　(**Habrá** mucha gente en la plaza. 광장에 많은 사람들이 있을 것이다.)

■ 미래의 일을 표현하며, 종종 luego, más tarde, mañana, el próximo año/mes, la próxima semana, en el año 2030 등 미래의 시기를 나타내는 부사(구)와 함께 쓰여요.

■ 현재 시점에서의 추측을 나타내요.

- Tu libro estará en la mochila.　　　　　　네 책은 배낭에 있을 것이다.

- Estará lloviendo en Barcelona.　　　　　바르셀로나에는 비가 오고 있을 것이다.

④ probar 동사 (테스트하다, 먹어보다 / ~se 입어보다, 걸쳐보다)

- ¿Quieres probar la carne?　　　　　　　고기를 맛볼래?

- Mañana probaremos el coche.　　　　　내일 우리는 그 자동차를 시승해볼 것이다.

- Anabel está probándose la falda.　　　　아나는 치마를 입어보는 중이다.

💡 동사 변화 pruebo, pruebas, prueba, probamos, probáis, prueban

Granada

어휘 늘리GO!

🎧 Track 17-03

⭐ 상점들(Comercios)

el bar	바	la cafetería	카페테리아
el restaurante	레스토랑	la panadería	빵집
el supermercado	슈퍼마켓	la tienda de ropa	옷가게
la frutería	과일가게	la farmacia	약국
los grandes almacenes	백화점	la librería	서점
la peluquería	미용실	el cajero automático	현금 인출기

 A ¿Qué está haciendo Daniel? 제시된 말을 이용하여 알맞은 답을 써보세요.

1.

_____

(conducir el coche)

2.

_____

(vestirse)

3.

_____

(ducharse)

4.

_____

(lavarse los dientes)

conducir 운전하다

B Luis의 전화 통화를 듣고 질문에 대답해 보세요.

1. Con quién está hablando Luis?

    ① Con Elena   ② Con su madre   ③ Con Subin

2. ¿Qué hace Álex?

    ① Está preparando la cena.   ② Está estudiando.   ③ Está cenando.

3. ¿Quién está haciendo la cena?

    ① Álex   ② El padre de Luis   ③ Luis

C <보기>와 같이 대답을 써보세요.

| 보기 | A : ¿Cuándo vas al médico?
B : Iré la próxima semana. |

más tarde 좀 이따가   **came** f. 고기, 육류

1. **A :** ¿Cuándo vas a hablar con Irene?

    B : _____ con ella más tarde.

2. **A :** ¿Cuándo vas a visitar a los abuelos?

    B : Los _____ este fin de semana.

3. **A :** ¿Por qué no come Antonio la carne?

    B : No sé. No le _____ la carne.

4. **A :** ¿Sabes qué hora es?

    B : No sé. _____ las cinco.

D 제시된 동사의 미래시제형을 빈칸에 알맞게 쓴 다음 좌우의 표현들을 적절하게 연결하여 문장을 만들어 보세요.

1. Si este fin de semana hace buen tiempo, •   • mañana _____ (estar, tú) cansado.

2. Si te acuestas tarde,   •   • _____ (pedir, yo) una ensalada.

3. Si no sabes hacer el ejercicio,   •   • _____ (ir, nosotros) a la playa.

4. Si tengo poca hambre,   •   • yo te _____ (ayudar).

1. _____

2. _____

3. _____

4. _____

스페인어권 세계 만나GO!

Spain

2024년 달력으로 보는 스페인의 국경일
(Días festivos de España)

스페인의 국경일은 대부분 종교적인 이유에서 기인하며, 전국적으로 공통적이지만 자치 공동체에 따라 다른 공휴일이 추가되어요. 다음은 Madrid의 2024년 국경일이에요.

1월 1일	새해 첫날(Día de Año Nuevo)
1월 6일	주님 공현 대축일(Epifanía del Señor)과 **동방박사의 날**(Día de los Reyes Magos) '주님이 나타난 날'. 예수의 출현을 축하하는 크리스트교 절기로 동방박사가 예수를 찾아 경배한 날이에요.
3월 28일	성목요일(Jueves Santo) 그리스도가 수난을 받은 성금요일의 전날. 이날 그리스도가 최후의 만찬에서 성체성사를 했기 때문에 기념해요.
3월 29일	성금요일(Viernes Santo) 그리스도의 십자가 수난일로서 부활절 직전의 금요일이에요.
5월 1일	노동절(Día del Trabajo) 노동자의 권익과 복지를 도모하기 위해 제정한 날이에요.
5월 2일	마드리드 자치 공동체의 날(Fiesta de la Comunidad de Madrid) 마드리드 자치 공동체의 기념일로, 1808년 프랑스군의 침략에 맞서 마드리드 민중이 봉기한 일을 기념해요.
8월 15일	성모 승천 대축일(Día de la Asunción) 성모 승천은 가톨릭에서 성모 마리아가 선종한 후 하느님에 의해 육체와 영혼이 함께 하늘나라에 들었다는 믿음이며, 이를 기리는 날이에요.
10월 12일	국경일, 히스패닉의 날(Fiesta Nacional de España, Día de la Hispanidad) 1492년 10월 12일은 콜럼버스가 아메리카 대륙을 발견한 날이에요. 이날 국왕과 정부 수반, 관료 등이 모두 참석하는 군대의 열병식이 거행되어요.
11월 1일	모든 성인 대축일(Día de Todos los Santos) 천국에 있는 모든 성인들을 기리는 날이에요.
12월 6일	헌법의 날(Día de la Constitución) 1978년 12월 6일 국민 투표를 통해 현행 헌법을 비준한 날을 기념해요.
12월 8일	원죄 없으신 잉태 대축일(Festividad de la Inmaculada Concepción) 동정녀 마리아가 원죄 없이 잉태되었음을 기리는 날이에요.
12월 25일	성탄절(Navidad)

¿Te has lavado las manos?

Capítulo
18

¿Te has lavado
las manos?

너 손 씻었어?

▲ MP3 음원

18강

╲ **학습 목표**
현재완료 시제로 말할 수 있다.
여러 부정어를 알고 사용할 수 있다.

╲ **공부할 내용**
현재완료 시제
부정어
변화를 나타내는 동사들
어미 탈락 형용사

╲ **주요 표현**
¿Te has lavado las manos?
¿Necesitas algo?
Papá se vuelve más dulce.

◀ 안달루시아 지방의 소도시 프리힐리아나.
온 마을의 벽이 하얀색으로 칠해져 있는
마을로 유명하다.

Madrid

📑 Diálogo 1 🎧 Track 18-01

엘레나는 학우들과 발표 준비를 마치고 집으로 돌아왔어요.

Madre ¿Por qué llegas tan tarde?

Elena Porque he tenido que preparar una presentación con los compañeros de clase. ¡Uf, estoy cansadísima!

Madre ¿La habéis terminado?

Elena Más o menos. Nos quedan solo algunas cosas que añadir.

Madre Fenomenal. Hija, papá tiene preparado tu plato favorito, el gazpacho. ¿Lo quieres probar un poco?

Elena ¡Claro que sí, mamá!

Madre ¿Te has lavado las manos?

Elena Por supuesto. Umm, ¡qué rico está! Le ha salido muy bien como siempre. Creo que papá se vuelve más cariñoso con la edad.

어머니 왜 이렇게 늦게 오니?

엘레나 학우들과 발표를 준비해야만 했기 때문이에요. 휴, 너무 피곤해요!

어머니 끝냈니?

엘레나 대충은요. 덧붙일 몇 가지 사항만 우리에게 남았어요.

어머니 참 잘 됐구나. 딸, 아빠가 네가 좋아하는 요리인 가스파초를 준비해뒀어. 그것을 조금 맛볼래?

엘레나 당연하죠, 엄마!

어머니 손은 씻었어?

엘레나 물론이에요. 음, 엄청 맛있어요! 항상 그렇듯이 아주 잘 만드셨네요. 제 생각엔 아빠가 연세가 드시면서 더 다정해지시는 것 같아요.

---

presentación f. 발표, 소개, 제출 **compañero/a** m.f. 동료 **cansado/a** 피곤한, 지친
más o menos 대략 **quedar** 남다 **añadir** 첨가하다, 더하다 **fenomenal** 아주 좋아, 잘 됐어
mano f. 손 **salir bien/mal** ~에게 (결과가) 좋다/나쁘다 **volverse + 형용사** ~하게 변하다
cariñoso/a 다정한 **edad** f. 나이

Barcelona

1 가까운 과거나 경험에 대해 표현하기

· He cenado.

나는 저녁을 먹었다.

· La profesora ha visto la tele.

선생님은 TV를 보셨다.

· Él y yo hemos aprendido español.

그와 나는 스페인어를 배웠다.

· Tú y David habéis comido churros.

너와 다비드는 추로스를 먹었다.

· Ustedes han abierto la tienda.

당신들은 가게를 열었다.

💡 현재완료 시제는 주로 가까운 과거의 일이나 현재까지의 경험을 나타내요.

2 어떤 일이 이전과 달라졌음을 표현하기

· El pan se vuelve dulce en la boca.

빵이 입에서 달콤하게 변한다.

· Me pongo triste cuando estoy sola.

나는 혼자 있을 때 우울해진다.

· Sonia se hace profesora como su madre.

소니아는 자신의 어머니처럼 선생님이 된다.

💡 volverse, ponerse, hacerse 동사는 주로 형용사와 함께 써서 주어의 변화를 나타내요.

3 어미가 탈락하는 형용사 확인하기

· Hoy va a ser un gran día.

오늘은 엄청난 날이 될 것이다.

· Su casa es muy grande.

그의 집은 무척 크다.

· Mario es un buen hombre.

마리오는 훌륭한 남자이다.

· Su habitación tiene una buena vista.

그녀의 방은 훌륭한 전망을 가지고 있다.

💡 이 외에도 남성명사 단수형 앞에서 어미 -o가 탈락되는 어휘로 앞에서 primero, tercero를 살펴보았어요.

Madrid 말문 트GO!

Diálogo 2 🎧 Track 18-02

다운이는 루이스를 파티에 초대해요.

Daun Luis, voy a dar una fiesta este viernes en mi casa. ¿Te vienes?

Luis ¿Va alguno de nuestros amigos?

Daun Sí, vienen Eduardo, Mónica y Susana.

Luis No conozco a ninguno de ellos.

Daun ¿En serio? Mónica me ha dicho que está en el mismo curso que tú, la Economía Internacional. Mónica y Susana son mis vecinas, y Eduardo es uno de tus colegas que juegan al fútbol.

Luis ¡Claro! ¡Qué cabeza tengo!

Daun Al llegar a casa, voy a llamar a Álex para invitarlo.

Luis ¿Necesitas algo de comida para la fiesta?

Daun No, nada, pero si tienes algún amigo que sepa bailar flamenco, puedes traerlo. Será divertido aprender flamenco todos juntos.

다운 루이스, 나 이번 주 금요일에 집에서 파티를 열거야. 올래?

루이스 우리 친구들 중 어떤 친구라도 가니?

다운 응, 에두아르도, 모니카, 수사나가 와.

루이스 나는 그들 중 아무도 몰라.

다운 정말? 모니카는 너와 같은 강좌에 있다고 내게 말했어, 국제 경제 말이야. 모니카와 수사나는 내 이웃이고, 에두아르도는 축구를 하는 네 동료들 중 한 명이야.

루이스 그렇지! 내 정신 좀 봐!

다운 집에 도착하면 알렉스를 초대하기 위해 전화를 할 거야.

루이스 파티를 위해 음식 중에 뭔가 필요한 것 있어?

다운 아니야, 전혀 없어. 하지만 너 플라멩코를 출 줄 아는 어떤 친구가 있다면 그 애를 데려와도 돼. 모두 함께 플라멩코를 배우면 재미있을 거야.

👆 **alguno/a** 어떤, 어떤 것/사람 **ninguno/a** 아무 것/사람도 (없다, 않다) **en serio** 정말로, 진짜로
mismo/a 같은, 동일한 **curso** m. 강좌, 과정 **vecino/a** m.f. 이웃사람 **colega** m.f. 동료, 친구
al + 동사원형 ~하자마자, ~할 때 **sepa** 가정적인 상황을 나타내는 saber 동사의 접속법 형태

포인트 잡GO!

'부정어'는 불특정한 존재를 가리키는 어휘들이에요. 사람이나 사물을 가리키느냐, 명사와 함께 쓰느냐, 부정문에 쓰느냐 등에 따라 형태가 달라지며, 영어의 *some, nobody, nothing, any* 등과 같은 기능을 하는 것으로 보면 되어요.

Barcelona

1 특정하지 않은 사람이나 사물 표현하기

- Alguien canta en la plaza.   누군가 광장에서 노래한다.
- No canta nadie en la plaza.   아무도 광장에서 노래하지 않는다.
- Nadie canta en la plaza.   아무도 광장에서 노래하지 않는다.

- Tengo algo en las manos.   나는 손에 무언가를 가지고 있다.
- No tengo nada en las manos.   나는 손에 아무것도 안 가지고 있다.

💡   alguien(누군가)-nadie(아무도), algo(무언가)-nada(아무 것)는 반의어의 관계예요. alguien-nadie는 사람을, algo-nada는 사물을 지칭해요.

- Algún chico / Alguno no come carne.   어떤 소년/어떤 사람은 고기를 안 먹는다.
- Alguna chica / Alguna no come carne.   어떤 소녀/어떤 사람은 고기를 안 먹는다.
- Algunas chicas / Algunas no comen carne.   어떤 소녀들/어떤 사람들은 고기를 안 먹는다.

- Ningún alumno / Ninguno tiene hambre.   그 어떤 학생/그 누구도 배가 고프지 않다.
- Ninguna persona / Ninguna sabe conducir.   그 어떤 사람/그 누구도 운전할 줄 모른다.

- Alguno / Alguno de ellos vive aquí.   어떤 사람/그들 중 어떤 사람은 이곳에 산다.
- Ninguno / Ninguno de ellos vive aquí.   아무도/그들 중 그 누구도 이곳에 살지 않는다.

💡   alguno/a(어떤/ 어떤 것-사람) - ninguno/a(아무/ 아무 것-사람)는 반의어의 관계예요. 이들은 사람과 사물을 다 가리킬 수 있고, 단독은 물론 명사를 수식하여 쓸 수 있어요. algún, ningún은 남성명사 단수형 앞에서의 형태예요.

Sevilla

문법 다지GO!

1 현재완료 시제

HABER 동사의 현재시제 + 과거분사

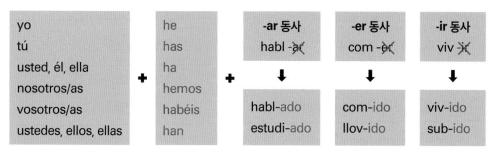

yo	he		**-ar 동사**	**-er 동사**	**-ir 동사**
tú	has		habl -ar	com -er	viv -ir
usted, él, ella	ha	+	↓	↓	↓
nosotros/as	hemos		habl-ado	com-ido	viv-ido
vosotros/as	habéis		estudi-ado	llov-ido	sub-ido
ustedes, ellos, ellas	han				

불규칙형 과거분사	ver	visto	hacer	hecho	abrir	abierto
	poner	puesto	ir	ido	decir	dicho
	volver	vuelto	escribir	escrito	leer	leído

❶ 가까운 과거의 일이나 과거에 시작된 일이 현재까지 지속되고 있음을 나타내요.

· Elena se ha levantado tarde.   엘레나는 늦게 일어났다.

· Siempre hemos vivido en este barrio.   우리는 항상 이 동네에 살았다.

❷ 현재까지의 경험을 나타내요.

· ¿Has estado (alguna vez) en México?   너는 멕시코에 가본 적 있니?

· No hemos visto nunca un tiburón.   우리는 상어를 한 번도 본 적이 없다.

❸ 종종 ya(이미), todavía no(아직 ~ 않다)와 함께 쓰여 완료된 일을 나타내요.

· ¿Has leído ya la novela?   너는 그 소설을 이미 읽었니?

· La pintora todavía no ha acabado el cuadro.   그 화가는 아직 그림을 끝내지 못했다.

❹ 종종 hoy, esta mañana/tarde/noche, este viernes/mes/año, hace un momento 처럼 지속 중이거나 가까운 과거, nunca, alguna vez 처럼 경험의 유무를 나타내는 표현들과 함께 쓰여요.

· He visto a Subin hace un momento.   나는 조금 전에 수빈이를 봤다.

· Este martes mis padres han vuelto del viaje.   부모님이 이번 화요일에 여행에서 돌아오셨다.

2 남성명사 단수형 앞에서 어미 -o가 탈락하는 어휘들

bueno malo primero tercero alguno ninguno

- ¡Qué buen chico!   정말 훌륭한 청년이야!

- Iré a Egipto algún día.   나는 언젠가 이집트에 갈 것이다.

 예외적으로 grande는 남성이나 여성 단수명사를 앞에서 수식할 때 어미 -de가 탈락해요.
- Picasso es un gran pintor.   피카소는 위대한 화가이다.
- Alicia es una gran profesora.   알리씨아는 위대한 선생님이다.

3 부정어 (구체적이지 않은 대상을 가리키는 말)

	긍정	부정
대명사	alguien 누군가	nadie 아무 (도 없다/아니다)
	algo 어떤 것	nada 아무것 (도 없다/아니다)
	alguno/a/os/as 어떤 사람/사물	ninguno/a 아무/아무것 (도 없다/아니다)

❶ 특정하지 않은 대상을 뜻해요.

- ¿Alguien conoce a Álex?   누가 알렉스를 아나요?

- ¿Quieres tomar algo?   너 무언가를 마시고 싶니?

- No tengo nada en el bolsillo.   나는 주머니에 아무것도 가지고 있지 않다.

❷ nadie, nada, ninguno/a가 동사 앞에 위치할 때는 no를 함께 쓰지 않아요.

- Nadie quiere ir. = No quiere ir nadie.   아무도 가고 싶어 하지 않는다.

- ¿No te gusta nada? = ¿Nada te gusta?   아무것도 네 마음에 들지 않니?

❸ alguno/a/os/as와 ninguno/a는 집단의 일부임을 뜻해요.

- Hoy vienen algunas (de mis amigas).   오늘 (내 친구들 중) 몇 명이 온다.

- Ninguno (de mis amigos) es antipático.   (내 친구들 중) 그 누구도 심술궂지 않다.

❹ 형용사로서 명사를 수식하여 쓸 수 있어요. 남성명사 단수는 algún, ningún의 형태예요.

	긍정	부정
형용사	algún, alguna/os/as 어떤 (사람/사물)	ningún, ninguna 아무/아무것 (도 없는/아닌)

· ¿Hay algún médico aquí?　　　　　　　　여기 의사 계십니까?

· No hay ningún libro en la mesa.　　　　　탁자에 아무 책도 없다.

4 변화를 뜻하는 동사 (~이/가 되다)

■ hacerse + 명사/형용사/부사

· Lucas se ha hecho vegetariano.　　　　　루카스는 채식주의자가 되었다.

· Ya te has hecho mayor.　　　　　　　　　너는 이제 어른이 됐구나.

■ volverse + 형용사

· Mi perro se ha vuelto agresivo.　　　　　내 강아지가 공격적이 되었다.

· La contaminación se ha vuelto muy importante.
공해가 매우 중요해졌다.

■ ponerse + 형용사

· Ella se pone triste con la noticia.　　　　그녀는 그 소식으로 우울해진다.

· Cuando Álvaro ve a Marta, se pone rojo.　알바로는 마르타를 보면 얼굴이 빨개진다.

Granada

Track 18-03

★ 컴퓨터와 인터넷

el ordenador
컴퓨터

el portátil
노트북

el ratón
마우스

el teclado
키보드

el (cable) USB
USB(케이블)

los auriculares
이어폰

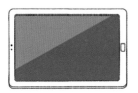

la tableta
태블릿

el wifi
와이파이

la red
네트워크

el correo electrónico
이메일

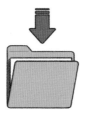

descargar
다운로드하다

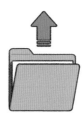

cargar
업로드하다

실력 높이 GO!

A ¿Qué ha hecho Julia hoy? 제시된 말을 이용하여 알맞은 답을 써보세요.

1.

ver una película con los amigos

2.

hacer la compra

3.

ducharse por la mañana

4.

levantarse a las siete

1. _____

2. _____

3. _____

4. _____

hacer la compra 장을 보다

B Gloria와 Ernesto의 대화를 듣고 질문에 대답해 보세요. ⌒ Track 18-04

1. ¿Por qué ha llegado tarde Ernesto?

   ① Porque ha preparado una reunión.

   ② Porque ha visto una película.

   ③ Porque no ha podido terminar su trabajo.

2. ¿Qué ha hecho Gloria al salir de la oficina?

   ① Ha ido de compras.   ② Ha llamado a Ernesto.   ③ Ha visto una película.

3. ¿A qué hora ha salido Gloria de la oficina?

   ① A las seis.   ② A las seis y media.   ③ A las siete.

   reunión f. 회의   **atareado/a** 바쁜, 일이 많은   **suerte** f. 운, 행운

C 제시된 결과의 알맞은 원인을 골라 <보기>처럼 써보세요.

원인	perder el móvil	trabajar mucho todo el día
	comer demasiado rápido	gastar todo el dinero

> 보기   Pedro no ve bien porque <u>no ha traído sus gafas</u>.

1. No puedo llamarte ahora porque _____.

2. No puedo pagar ahora porque _____.

3. Elena y Daun están cansados porque _____.

4. Luis no se encuentra bien porque _____.

   traer 가져오다   **encontrarse** ~한 상태이다   **perder** 잃어버리다   **demasiado** 너무

D 빈칸에 들어갈 말로 알맞은 것을 <보기>에서 골라 반복 없이 써보세요.

> **보기**   algo   nada   alguien   nadie   algún   alguno/a/os/as   ningún   ninguno/a

1. ¿Necesitas _____?

2. En este edificio ya no vive _____.

3. No tenemos _____ noticia de Isabel y Juan.

4. ¿Viene _____ a comer hoy?

5. ¿Conoces _____ restaurante coreano?

6. _____ personas son muy antipáticas.

7. _____ libro de la biblioteca es nuevo.

8. Hoy no he hecho _____ especial.

antipático/a 심술궂은, 불친절한   **biblioteca** f. 도서관

> **정답**
>
> **A**   **1.** Ha visto una película con los amigos.   **2.** Ha hecho la compra.   **3.** Se ha duchado por la mañana.
>   **4.** Se ha levantado a las siete.
>
> **B**   **1.** ①   **2.** ①   **3.** ②
>
> **C**   **1.** he perdido el móvil   **2.** he gastado todo el dinero   **3.** han trabajado mucho todo el día
>   **4.** ha comido demasiado rápido
>
> **D**   **1.** algo   **2.** nadie   **3.** ninguna   **4.** alguien   **5.** algún   **6.** Algunas   **7.** Ningún   **8.** nada

스페인어권 세계 만나GO!

Hispanic, Latino/a 또는 Latinx

조국에 거주하는 라틴계 사람들뿐만 아니라 미국에 거주하는 이들도 멕시코인, 아르헨티나인, 콜롬비아인 등 국적에 따라 불리는 것을 선호한다고 해요. 그러나 미국에는 hispanic히스패닉, latino/a라띠노/라띠나, latinx라띤엑스와 같은 '범민족적' 용어들이 있는데, 대부분의 라틴계 사람들은 hispanic을 선호하고, 두 번째로 latino, latina를 사용한다고 하며 매우 소수의 사람들이 latinx를 쓴다고 해요.

Hispanic (Hispano)
이는 현재 우리가 '스페인'으로 알고 있는 지역의 로마 시대 지명인 Hispania에서 유래했으며, 스페인에 기원을 둔 문화와 전통, 언어, 종교 등을 통해 서로 연관된 사람들을 지칭해요. 그러나 hispanic은 스페인 사람을 비롯한 스페인어 원어민들을 출신지와 상관없이 뒤섞어버리는 미국 중심의 용어이기도 해요. 때로는 이 범주에 속하지 않는 브라질인과 아이티인을 포함하기 때문이에요. 이 용어는 1970년대부터 대중화되었으며, 미국 정부가 제정한 'Mes de Herencia Hispana히스패닉 유산의 달(9월 15일~10월 15일)'의 시작과 시기적으로 일치해요.

Latino/a
1840년대 후반 América Latina라는 용어가 등장하며 이를 축약한 latino, latina가 사용되기 시작했어요. 이는 미국과 스페인 양국을 배제하려는 의도에서 비롯되었으며 1990년도에 대학가를 중심으로 일반화되었어요.

Latinx
양성평등에 대한 존중이 점점 더 중시되는 현 상황에 걸맞게 latino, latina의 성별 구분을 배제한 이 용어는 영어에서 직접 탄생하였으므로 스페인어 발음으로는 마땅치 않아요. 이는 latino/a의 변형이지만 남성/여성이라는 이분법에 반대 의견을 가진 사람들이 2000년대 초부터 사용하기 시작한 성 중립적 용어예요.

¿Qué hiciste ayer?

Capítulo

19

¿Qué hiciste ayer?

너 어제 뭐 했니?

▲ MP3 음원

19강

＼ 학습 목표
단순과거 시제로 표현할 수 있다.
불완료과거 시제로 표현할 수 있다.

＼ 공부할 내용
단순과거 시제의 동사형과 용법
불완료과거 시제의 동사형과 용법

＼ 주요 표현
¿Qué hiciste ayer?
Comimos en un restaurante
marroquí.
De niño, ¿vivías aquí?

◀ 라만차 지역에 있는 소도시 콘수에그라.
돈키호테가 괴물로 착각해 풍차에게
덤벼들었던 장면의 배경이 된 곳이다.

📍 Madrid

말문트GO!

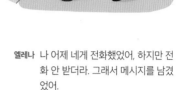

💬 Diálogo 1 🎧 Track 19-01

다운은 바빠서 엘레나의 연락을 확인 못했어요.

Elena Te llamé ayer, pero no contestaste. Así que te dejé un mensaje.

Daun Oí el teléfono, pero no pude contestar. Luego, me olvidé de leer tu mensaje. Perdona.

Elena ¿Qué hiciste ayer?

Daun Por la mañana arreglé mi bicicleta. Como hizo buen tiempo, salí a correr un poco por el parque. Luego, tuve que hacer la compra. Por la tarde fui a la biblioteca con Luis. Y tú, ¿qué hiciste?

Elena Quedé con una amiga y comimos en un restaurante marroquí, y luego, dimos un paseo por el centro escuchando canciones coreanas. Te llamé al llegar a casa para saber cómo vamos al pueblo de Luis.

Daun Luis va a traer el coche de su padre y nosotros vamos con él. Me lo dijo hace unos días.

엘레나 나 어제 네게 전화했었어, 하지만 전화 안 받더라. 그래서 메시지를 남겼었어.

다운 전화 소리는 들었지만 받을 수 없었어. 그리고는 네 메시지 읽는 것을 잊어버렸어. 미안해.

엘레나 너 어제 뭐 했는데?

다운 아침에 자전거를 수리했어. 날씨가 좋아서 공원을 조금 달리려고 나갔었지. 그리고는 장을 봐야만 했어. 오후에는 루이스와 도서관에 갔어. 너는 뭐 했어?

엘레나 한 친구와 만나서 모로코 레스토랑에서 점심을 먹었어. 그리고 한국 노래를 들으며 시내 산책을 했어. 집에 도착해서 우리 루이스의 고향에 어떻게 가는지 알기 위해 네게 전화를 했어.

다운 루이스가 아버지의 자동차를 가지고 올 것이고 우리는 그 애와 함께 가는 거야. 며칠 전에 내게 그것을 말해줬어.

contestar 대답하다, 전화를 받다 **dejar** 놓다, 두다, 빌려주다, 버리다
mensaje m. 메시지, 휴대폰 문자메시지 **oír** 듣다 (oigo, oyes, oye, oímos, oís, oyen)
olvidarse de ~에 대해 잊어버리다 **ayer** 어제 **arreglar** 수리하다, 정돈하다 **como** ~ 때문에
marroquí m.f. 모로코인 adj. 모로코의 **dar un paseo** 산책하다 **escuchar** 듣다
pueblo m. 마을, 고향

Barcelona

① 과거에 발생하여 종결된 일 표현하기

- Estudié con Carlos en la biblioteca.

나는 도서관에서 카를로스와 공부했다.

- Hablaron todo el día con su hija.

그들은 하루 종일 딸과 이야기했다.

- Mis padres no bebieron vino.

내 부모님은 포도주를 마시지 않으셨다.

- ¿Luis y tú salisteis temprano?

루이스와 너는 일찍 출발했니?

💡 단순과거 시제는 단편적이고 종결된 일이나 상황 등을 가리켜요.

② 과거의 특정 시기에 있었던 일 표현하기

- Anoche vi una película coreana en la tele.

나는 어젯밤 TV에서 한국 영화를 봤다.

- ¿Cenaste con Ana la semana pasada?

너 지난주에 아나와 저녁 식사했어?

- Volvimos a México hace un mes.

우리는 한 달 전에 멕시코로 돌아왔다.

- Nací en 2005.

나는 2005년에 태어났다.

💡 단순과거 시제는 종결된 시점이나 기간과 함께 쓰는 경우가 많아요.

③ 교통수단 '~을/를 타고'라고 표현하기

- Viajamos por Europa en autobús.

우리는 버스로 유럽을 여행했다.

- Fui al centro en metro.

나는 지하철로 시내에 갔다.

- Ella volvió a casa en bicicleta.

그녀는 자전거로 집에 돌아갔다.

💡 교통수단을 하나의 공간으로 보고, 그 안에서 이동한다고 판단하여 en과 함께 쓴다고 생각하면 이해하기 수월해요. 자전거나 오토바이 등은 예외예요.

Madrid

말문 트 GO!

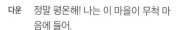

💬 **Diálogo 2** 🎧 Track 19-02

루이스는 다운과 엘레나를 고향에 초대해주었어요.

Daun	¡Qué tranquilidad! Me gusta mucho este pueblo.	다운	정말 평온해! 나는 이 마을이 무척 마음에 들어.
Elena	Gracias por invitarnos a conocer tu pueblo.	엘레나	네 고향을 방문하도록 우리를 초대해 줘서 고마워.
Luis	De nada. Es un pueblo muy pequeño y puede ser aburrido.	루이스	천만에. 아주 작은 마을이고 지겨울 수 있어.
Daun	Para nada. De niño, ¿vivías aquí?	다운	전혀. 어렸을 때 너는 이곳에 살았어?
Luis	Sí, antes vivíamos en esta casa. Entonces tenía más habitaciones, pero más pequeñas. Mi padre la remodelaba poco a poco para tener más espacio.	루이스	응, 전에는 이 집에 살았어. 그때는 더 많은 방이 있었어, 더 작았지만 말이야. 아버지가 공간을 더 얻기 위해 조금씩 리모델링하셨어.
Elena	¿Y qué hacías en verano?	엘레나	그럼 너는 여름에 뭐 했어?
Luis	Como veis, hay montañas alrededor de este pueblo, y también hay valles y un río. Mis padres nos llevaban al río para bañarnos, y así pasábamos el calor.	루이스	너희들도 보다시피 이 마을 주변에 산이 있잖아. 계곡과 강도 있어. 부모님은 물놀이를 하도록 우리를 강으로 데려가고는 하셨고 그렇게 더위를 보냈어.
Daun	¡Qué divertido! Tenías mucha suerte.	다운	재미있었겠다! 너 운이 엄청 좋았네.

---

tranquilidad f. 평온함, 고요함 **gracias por ~** ~에 대해 감사하다 **aburrido/a** 지겨운, 심심한
para nada 전혀, 하나도 (부정의 표현) **de niño/a** 어렸을 때 (=de pequeño/a) **entonces** 그때, 당시에
remodelar 개조하다 **poco a poco** 조금씩 **puede ser** ~일/할 수도 있다 **espacio** m. 공간
alrededor de ~ ~ 주변에, 주위에 **valle** m. 계곡 **río** m. 강

Barcelona

1 과거에 지속된 일이나 상황 설명하기

· Antes teníamos tres gatos.

전에 우리는 세 마리의 고양이가 있었다.

· De niña me gustaba mucho el color rosa.

어렸을 때 나는 분홍색을 무척 좋아했다.

· Cuando era joven, trabajaba mucho.

그는 젊었을 때 일을 많이 했다.

· De pequeño Álex quería ser abogado.

알렉스는 어렸을 때 변호사가 되고 싶었다.

💡 불완료과거 시제는 보통 과거에 지속되었던 일이나 상황에 사용해요.

2 과거의 사람이나 사물, 장소 묘사하기

· Esta ciudad era más tranquila antes.

전에는 이 도시가 더 평온했었다.

· El ladrón era alto y tenía el pelo corto.

그 도둑은 키가 컸고 짧은 머리였다.

· Su vestido era de color negro y muy largo.

그녀의 원피스는 검은색이었고 매우 길었다.

· Mi primera casa era grande y tenía un jardín precioso.
내 첫 집은 컸고 예쁜 정원이 있었다.

💡 불완료과거 시제는 과거의 사람이나 장소, 사물 등을 묘사할 때 사용해요.

3 과거의 반복된 일이나 상황 설명하기

· Cuando vivíamos en Valencia, íbamos mucho a la playa.
발렌시아에 살았을 때 우리는 해변에 많이 갔었다.

· Todos los días me levantaba temprano.

나는 매일 일찍 일어나고는 했다.

· Laura iba a clase en bicicleta.

라우라는 자전거로 수업에 갔었다.

💡 불완료과거 시제는 과거에 반복적으로 했거나 종종 발생했던 일을 표현할 때 사용해요.

Sevilla

① 단순과거 시제

■ 규칙형

	cenar	beber	vivir
yo	cen-é	beb-í	viv-í
tú	cen-aste	beb-iste	viv-iste
usted, él, ella	cen-ó	beb-ió	viv-ió
nosotros/as	cen-amos	beb-imos	viv-imos
vosotros/as	cen-asteis	beb-isteis	viv-isteis
ustedes, ellos, ellas	cen-aron	beb-ieron	viv-ieron

■ 불규칙형

decir	hacer	ir/ ser	dar	dormir	ver
dije	hice	fui	di	dormí	vi
dijiste	hiciste	fuiste	diste	dormiste	viste
dijo	hizo	fue	dio	durmió	vio
dijimos	hicimos	fuimos	dimos	dormimos	vimos
dijisteis	hicisteis	fuisteis	disteis	dormisteis	visteis
dijeron	hicieron	fueron	dieron	durmieron	vieron

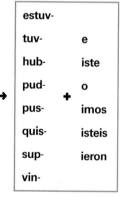

estar	estuv-	
tener	tuv-	e
haber	hub-	iste
poder	pud-	o
poner	pus-	+ imos
querer	quis-	isteis
saber	sup-	ieron
venir	vin-	

→

 오른쪽 동사들은 어근이 바뀌면서 어미가 첨가되어요.

 기타 불규칙형 동사들은 부록 참고 요망

2 단순과거 시제의 쓰임

❶ 과거 특정 순간에 종결된 일이나 상태 등을 나타내요.

· Ayer vi a Celia. Me dio un libro para ti. 나는 어제 셀리아를 봤다. 내게 너를 위한 책을 한 권 줬다.

· Luis se levantó tarde y llegó tarde a clase. 루이스는 늦게 일어났고 수업에 지각했다.

❷ 구체적인 기간이나 시기와 함께 쓰인 과거의 일이나 상태를 나타내요.

· El año pasado Bernardo y Alicia se casaron. 베르나르도와 알리시아는 작년에 결혼했다.

· Alonso volvió a Bolivia hace cinco años. 알론소는 5년 전에 볼리비아로 돌아갔다.

❸ 종종 ayer, anoche, el jueves/mes/año pasado, la semana pasada, hace un año, aquel día, el otro día, en 2016 등의 시기나 기간 표현들과 함께 쓰여요.

· Anoche hizo mucho viento y llovió mucho. 어젯밤 바람이 많이 불고 비가 많이 왔다.

· El otro día no me lavé el pelo. 요전 날 나는 머리를 감지 않았다.

3 불완료과거 시제

	규칙형			불규칙형		
	cenar	**beber**	**vivir**	**ser**	**ir**	**ver**
yo	cen-aba	beb-ía	viv-ía	era	iba	veía
tú	cen-abas	beb-ías	viv-ías	eras	ibas	veías
usted, él, ella	cen-aba	beb-ía	viv-ía	era	iba	veía
nosotros/as	cen-ábamos	beb-íamos	viv-íamos	éramos	íbamos	veíamos
vosotros/as	cen-abais	beb-íais	viv-íais	erais	ibais	veíais
ustedes, ellos, ellas	cen-aban	beb-ían	viv-ían	eran	iban	veían

❶ ser, ir, ver 동사만 불규칙형이에요.

❷ 과거에 지속된 일이나 상황, 상태를 나타내요.

· Ellos vivían en el centro y estudiaban inglés. 그들은 시내에 살았고 영어를 공부했다.

· Sonia era muy alegre y le gustaba el tenis. 소냐는 매우 쾌활했고 테니스를 좋아했다.

❸ 과거의 습관적이거나 반복적인 일을 나타내요.

· El año pasado ella trabajaba los fines de semana. 그녀는 작년에 주말마다 일했었다.

· Antes me acostaba muy tarde. 전에 나는 아주 늦게 잠자리에 들었다.

❹ 과거의 사람, 사물, 장소, 상황 등을 묘사하는 데 쓰여요.

· Mi casa estaba en la playa y tenía dos pisos. 우리 집은 해변에 있었고 2층이었다.

· ¿Cómo era papá cuando era niño? 아빠는 어렸을 때 어떠셨어요?

❺ 과거의 나이나 시간 표현에 쓰여요.

· En 2010 tenía quince años. 2010년에 나는 열다섯 살이었다.

· Eran las seis de la tarde y llovía mucho. 오후 여섯시였고 비가 많이 내렸다.

· ¿Qué hora era en ese momento? 그 때 몇 시였어요?

❻ 종종 de niño/a, de joven, cuando era pequeño/a, frecuentemente, generalmente, siempre, antes, nunca 등과 함께 쓰여요.

· Cuando éramos pequeños, todos los domingos íbamos a la playa.
우리는 어렸을 때 일요일마다 해변에 가고는 했다.

· A Marta no le gustaban antes las verduras. 예전에 마르타는 채소를 좋아하지 않았다.

📍 Granada

 🎧 Track 19-03

⭐ 스페인어 사용에 필요한 기타 표현

1. Transportes públicos (교통수단)

▪ en autobús 버스	▪ en metro 지하철	▪ en avión 비행기	▪ en bici(cleta) 자전거
▪ en barco 배	▪ en coche 자동차	▪ en moto(cicleta) 오토바이	▪ en tren 기차

· Voy a clase en bici.   나는 자전거로 수업에 간다.

· ¿Vuelves a casa a pie?   너는 걸어서 집에 돌아가니?

2. 전화번호 읽고 쓰는 법

스페인의 전화번호는 보통 9자리 숫자로 구성되며, 유선전화는 9나 8, 휴대전화는 6이나 7로 시작해요. 사람마다 읽는 방식이 다르지만 보통 세 자리나 두 자리씩 나누어 쓰고 읽어요.

· 656 567 897 : seis cinco seis, cinco seis siete, ocho nueve siete /
　　　　　　　 seis cinco seis, cincuenta y seis, setenta y ocho
　　　　　　　 noventa y siete

3. 많이 쓰이는 주소 관련 약자

av./avda.	avenida 대로	1.º/1.ª	primer piso 1층 primera planta 1층
p.º	paseo 길	dcha.	derecha 오른쪽
pl.	plaza 광장	izda.	izquierda 왼쪽
n.º	número 번지	C.P.	código postal 우편번호
c/	calle 길	int.	interior 안쪽

실력 높이GO!

Ibiza

A <보기>와 같이 문장을 바꿔 써보세요.

> **보기**   Compro fruta. → <u>Compré</u> fruta.

1. Veo una película. → _____

2. Esperamos a Luis. → _____

3. Estudiáis mucho. → _____

4. Te bañas en el mar. → _____

5. Tienes razón. → _____

B Javier와 Naomi의 대화를 듣고 질문에 대답해 보세요.   🎧 Track 19-04

1. ¿Dónde nació el padre de Naomi?

① Argentina   ② Marruecos   ③ España

2. ¿De dónde era la abuela de Javier?

① De México   ② De Marruecos   ③ De España

3. ¿Qué estudió el padre de Naomi?

① Economía   ② Español   ③ Farmacia

nacer 태어나다   **farmacia** f. 약학

C 다음 글을 단순과거 시제로 바꿔 써보세요.

> Mónica va al cine y se encuentra con Valeria. Las dos hablan un poco. Como Valeria quiere ir al cine con Mónica, cogen un taxi. Diez minutos más tarde compran las entradas y pasan a la sala de cine. Mónica y Valeria se sientan. Suena el móvil de Valeria, ella se levanta y sale de la sala. Valeria no vuelve a la sala y Mónica sale a buscarla.

encontrarse con ~ ~과/와 만나다　**entrada** f. 입장권　**sonar** 소리가 나다, 벨이 울리다　**buscar** 찾다

Ayer Mónica fue al cine y _____

_____

_____

_____

_____

_____

D <보기>와 같이 문장을 바꿔 써보세요.

> **보기**　Es alta y tiene el pelo largo. → Era alta y tenía el pelo largo.

1. No son las ocho todavía. → _____

2. ¿Adónde vas con Natalia? → _____

3. Salgo a las seis de la mañana. → _____

4. Tenemos miedo por la noche. → _____

E 빈칸에 제시된 동사를 불완료시제의 형태로 활용하여 써보세요.

1. ¿Qué _____ (tú, querer ser) de niño?

2. Laura _____ (ir) a clase en autobús.

3. ¿Qué hora _____ (ser) en ese momento?

4. En aquel verano yo _____ (tener) solo diez años.

5. Alejandra y María de joven se _____ (ver) mucho.

6. Cuando era niño, no me _____ (gustar) la fruta.

스페인어권 세계 만나GO!

산티아고의 길 (Camino de Santiago)

Camino de Santiago는 갈리시아 자치 공동체의 수도인 Santiago de Compostela ('별이 뜬 들판의 산티아고'를 의미) 대성당에 위치한 산티아고 사도의 무덤으로 가는 여러 순례길의 총칭이에요. 현재 가장 유명한 경로는 Camino Francés이며, 서부 피레네산맥에서 시작하여 스페

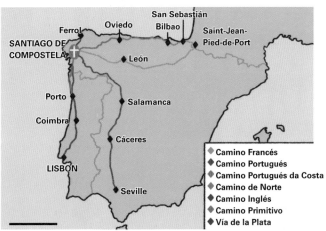

인을 거쳐 산티아고 대성당에 도착하는 여정이에요. 이 외에도 Camino del Norte, Camino Portugués, Camino Inglés, Camino de Invierno, Vía de la Plata 등이 있어요.

산티아고(Santiago el Mayor, 대(大)야고보)는 그리스도의 12 사도 중 한 명이며 그들 중 첫 순교자였어요. 그의 시신은 로마 제국의 서쪽 끝인 갈리시아로 옮겨졌고, 820년 경 로마 유적에서 그의 무덤이 발견되었어요. 이곳에 세워진 교회는 이후 이전되었고 수 세기 동안 확장 공사를 거쳐 현재의 대성당이 되었어요. 산티아고는 스페인의 수호성인이며 축일은 7월 25일이에요.

Camino de Santiago는 중세 동안 수많은 순례자가 걷던 길이었으나, 16세기 개신교 신학의 출현과 유럽의 세속화, 세계 대전 등으로 인해 유럽인의 기억에서 잊혔다가 20세기 후반에 종교적인 특징을 넘어서며 부활했어요.

스페인의 북동부 Pamplona팜플로나에서 Santiago de Compostela산티아고 데 콤포스텔라까지는 665km이며 도보로 순례를 미치려면 보통 28일이 걸려요. 경로를 따라 위치한 작은 마을들에는 특별한 순례자 숙소인 albergue알베르게가 있어요. 보통 이곳에서 순례자들은 credencial(순

례자 증명서)이라는 일종 의 여권에 경로 완주를 의미하는 스탬프를 받는데, 도보로 또는 말을 타고 마지막 100km를 완주하거나 자전거로 마지막 200km를 완주한 사람은 완주했다는 공식 인증서인 Compostelana 를 받아요.

Estaba en la cama y me llamó un amigo.

Capítulo
20

Estaba en la cama
y me llamó un amigo.

침대에 있었는데 한 친구가 전화했어.

▲ MP3 음원

20강

\ **학습 목표**
단순과거와 불완료과거 시제를 구분
하여 사용할 수 있다.
주요 전치사의 의미와 쓰임을 안다.

\ **공부할 내용**
단순과거와 불완료과거 시제의 구분
주요 전치사들
숙어화된 명령형 동사들

\ **주요 표현**
Estaba en la cama y me llamó un
amigo.
Me preguntó si yo tenía su tarjeta
de crédito.
¡No me digas!

◀ 사그라다 파밀리아 대성당. 바르셀로나를
대표하는 성당으로 초기에 건축가 안토니
가우디가 설계했다.

말문트 GO!

Madrid

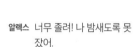

📢 Diálogo 1 🎧 Track 20-01

수빈이는 알렉스가 밤에 잠들지 못한 이유를 물어요.

Álex ¡Qué sueño! No he dormido en toda la noche.

Subin ¿Y eso?

Álex Pues a las once estaba en la cama y me llamó un amigo. Me preguntó si yo tenía su tarjeta de crédito. Él me entregó ayer unos libros y pensó que la tarjeta podía estar entre las páginas de uno de esos libros.

Subin ¡Dios mío! ¿Y estaba?

Álex Sí, la encontré en medio de un libro. Le llamé para decírselo y él la quiso en ese momento porque tenía que salir a Barcelona hoy muy temprano.

Subin ¡No me digas!

Álex Yo, ¡qué remedio! Tuve que esperarlo delante de mi casa a las cuatro de la madrugada. Como mi amigo no sabe conducir, vino en bicicleta. Menos mal que vive cerca de mi casa.

Subin Luego podías dormir un poco.

Álex Lo intenté pero no pude. Fue una noche muy larga.

알렉스	너무 졸려! 나 밤새도록 못 잤어.
수빈	그건 왜?
알렉스	11시에 침대에 있었는데 친구가 내게 전화를 했어. 내가 그의 신용카드를 가지고 있느냐고 물어보는 거야. 그 애가 어제 내게 책 몇 권을 전해줬는데 카드가 그 책들 중 한 권의 페이지 사이에 있을 수도 있다고 생각했던 거야.
수빈	세상에나! 그래서 있었어?
알렉스	응, 그것을 어떤 책 중간에서 발견했어. 그것을 얘기해주려고 그 애에게 전화했더니 오늘 아주 일찍 바르셀로나로 출발해야만 하기 때문에 당장 그것을 원하는 거야.
수빈	설마!
알렉스	내가 어쩌겠어! 새벽 4시에 우리 집 앞에서 그를 기다려야만 했어. 내 친구는 운전할 줄 모르기 때문에 자전거로 왔어. 우리 집 근처에 사는 것이 다행이지 뭐야.
수빈	그리고는 조금 잘 수도 있었을 텐데.
알렉스	시도해봤지. 하지만 할 수가 없었어. 엄청 긴 밤이었어.

tarjeta de crédito f. 신용카드 **entregar** 전달하다, 건네주다 **página** f. 페이지 **en medio de** ~~ 가운데 **¡No me digas!** 설마!, 말도 안 돼! **¡Qué remedio!** 뭐 어쩌겠어! **madrugada** f. 새벽 **menos mal** 천만다행히도 **intentar** 시도하다 **largo/a** 긴

Barcelona

1 과거의 일을 비교하여 표현하기

· En mi pueblo teníamos dos supermercados.
우리 마을에는 슈퍼마켓이 두 개 있었다.

· En mi pueblo tuvimos dos supermercados hasta el año pasado.
우리 마을에는 작년까지 슈퍼마켓이 두 개 있었다.

· Antes veíamos la tele y nos acostábamos a las doce.
전에 우리는 TV를 보고 12시에 잠자리에 들었다.

· Anoche vimos la tele y nos acostamos a las doce.
어젯밤에 우리는 TV를 보고 12시에 잠자리에 들었다.

· Como no tenía dinero, no pude comprar nada.
돈이 없었기 때문에 아무것도 못 샀다.

· Como ayer el bebé tenía fiebre, lo llevé al hospital.
어제 아기가 열이 있어서 병원에 데려갔다.

· Ayer no pude cenar porque me dolía el estómago.
어제 나는 배가 아팠기 때문에 저녁식사를 할 수 없었다.

· Estaba sola en casa cuando vino a verme Inés.
이네스가 나를 보러왔을 때 나는 집에 혼자 있었다.

· Cuando ella tenía treinta años, ganó un Óscar.
그녀가 30세일 때 오스카상을 탔다.

· El otro día mi padre compró unos helados que tenían un chocolate muy bueno.
요전 날 아버지는 아주 맛좋은 초콜릿이 든 아이스크림을 사셨다.

· Estaba durmiendo cuando sonó el teléfono.
전화벨이 울렸을 때 나는 자고 있었다.

💡 일반적으로 단편적인 행위는 단순과거 시제로 표현하고, 그 원인이나 배경이 되는 상황은 불완료과거 시제로 나타내요.

 Madrid

Texto 2 🎧 Track 20-02

루이스의 생활에 대해 이야기해요.

Luis se levanta cada día a las siete de la mañana. Se ducha, desayuna y se va a la facultad en autobús. Las clases empiezan a las 9 y terminan a las 2. Después, vuelve a su casa, come algo y descansa un poco.

Por la tarde hace diferentes cosas. A veces visita a sus amigos, otras veces va al gimnasio que está muy cerca de su casa y algunos días prefiere quedarse en casa y descansar. Antes de cenar, sale a pasear con su perro.

Luis lleva cinco meses aprendiendo italiano porque quiere viajar por Italia el próximo verano. Este año ha ido una semana a Milán para practicar el italiano que sabe. Algún día quiere viajar también por Corea, pero cree que no podrá hablar coreano. Desde el mes pasado está trabajando en un bar para ganar dinero. Va a trabajar hasta el fin de curso y sigue ayudando a sus padres en la tienda.

루이스는 매일 아침 7시에 일어난다. 샤워하고 아침을 먹고 버스로 학교에 간다. 수업은 9시에 시작하여 2시에 끝난다. 이후에 집으로 돌아가서 무언가를 먹고 조금 쉰다.

오후에는 다양한 일들을 한다. 가끔은 친구들을 방문하고, 또 어떤 때는 그의 집에서 매우 가까이 있는 체육관에 가고, 또 어떤 날은 집에 남아서 쉬는 것을 선호하기도 한다. 저녁을 먹기 전에 자신의 강아지와 함께 산책을 하러 나간다.

루이스는 다음번 여름에 이탈리아를 여행하기를 원하기 때문에 5개월 동안 이탈리아어를 배우고 있다. 올해 알고 있는 이탈리아어를 연습하기 위해 밀라노에 1주일간 갔었다. 언젠가 한국도 여행하고 싶지만 한국어를 말하지는 못할 것이라고 생각한다. 지난달부터 돈을 벌기 위해 바에서 일하는 중이다. 학기 말까지 일을 할 예정이며 여전히 가게에서 부모님을 도와드리고 있다.

facultad f. 단과대학   irse 그 자리에서 떠나가다   quedarse 남아있다, 머무르다
llevar + 기간 + 현재분사 ~동안 ~하다   pasado/a 지나간   hasta ~까지   fin m. 끝, 종결
seguir 따르다, 계속하다(sigo, sigues, sigue, seguimos, seguís, siguen)

Barcelona

① 전치사 a와 de 사용하기

- ¿A qué hora te levantas?   너는 몇 시에 일어나?

- ¿Conoces a mi amiga Belén?   너는 내 친구 벨렌을 아니?

- Este vino es de Australia.   이 포도주는 호주산이다.

- Este coche es de mi madre.   이 자동차는 우리 어머니 것이다.

💡 보통 a는 목적지나 방향, 특정한 사람 직접목적어, 시각 표현의 앞에 쓰고, de는 원산지나 근원지, 재료, 소유, 소속, 분야 등을 나타내요.

② 전치사 en과 con 사용하기

- Nunca he viajado en avión.   나는 한 번도 비행기로 여행해 본 적이 없다.

- Vamos a visitar al tío Manolo en mayo.   우리는 5월에 마놀로 삼촌을 방문할 것이다.

- Vivo con mis padres.   나는 부모님과 함께 산다.

- Cortan el jamón con este cuchillo.   그들은 이 칼로 하몽을 자른다.

💡 보통 en은 영역이나 교통수단, 월명이나 계절명 앞에 쓰고, con은 수반이나 도구 등을 나타내요.

③ 전치사 para와 por 사용하기

- Quiero ir a España para aprender español.   나는 스페인어를 배우기 위해 스페인에 가고 싶다.

- Vamos a terminar este trabajo para el viernes.   우리는 이 일을 금요일까지 끝낼 것이다.

- Nos vemos mañana por la mañana.   우리는 내일 아침에 만난다.

- Le dieron un premio por su investigación.   그의 연구로 인해 그에게 상을 주었다.

💡 보통 para는 목적이나 목적지, 시한 등을 나타내고, por는 원인이나 비교적 넓은 지역, 시간대, 경로 등을 나타내요.

문법 다지GO!

1 단순과거와 불완료과거 시제의 비교

단순과거	불완료과거
과거의 어떤 순간에 발생하여 끝난 일이나 상황	과거에 지속되었거나 습관적으로 했던 일이나 상황
· La semana pasada cené con Ana. 지난주에 나는 아나와 저녁식사를 했다. · En 2022 estuvo dos meses en Panamá. 2022년에 그는 파나마에 두 달 있었다. · En Panamá fue una vez a la playa. 파나마에서 그는 해변에 한 번 갔다.	· De pequeña comía mucha fruta. 어렸을 때 나는 과일을 많이 먹었다. · De niño vivía en un pueblo. 어렸을 때 그는 시골에 살았다. · Cuando vivía en Cancún, iba mucho a la playa. 칸쿤에 살았을 때 그녀는 해변에 자주 갔다.
종종 ayer, el año pasado, la semana pasada, el martes (pasado), hace un mes 등 과거의 특정 시기를 뜻하는 표현과 함께 사용	종종 todos los días, los sábados, normalmente, siempre 등 반복적이고 지속적임을 뜻하는 표현과 함께 사용
· El domingo fuimos al zoo. 일요일에 우리는 동물원에 갔다. · Ayer dimos un paseo por el centro. 우리는 어제 시내를 산책했다.	· Cuando era niña, mi familia iba al campo los domingos. 내가 어렸을 때 우리 가족은 일요일마다 시골에 갔었다. · De joven salía todas las noches. 젊었을 때 그는 매일 밤 놀러나가고는 했다.
과거의 일이나 상황을 평가	과거의 일이나 사람, 사물을 묘사
· Picasso fue un gran pintor. 피카소는 위대한 화가였다. · Frida Kahlo fue una gran mujer. 프리다 칼로는 위대한 여성이었다.	· Mi casa era muy grande. 우리 집은 아주 컸다. · Era alto y robusto. 그는 키가 크고 건장했다.

2 숙어화된 명령형의 표현

■ **누군가의 주의를 끌 때 : oye/ oiga (이봐요, 얘/ 여보세요)**

· Oiga, ¿sabe usted dónde hay un banco?　　　저기요, 은행이 어디 있는지 아세요?

■ **전화 받을 때 : ¿diga?/ ¿dígame? (여보세요, 말씀하세요)**

· Farmacia La Vital, ¿dígame?　　　라 비탈 약국입니다, 말씀하세요?

■ 상대방을 장려하고 북돋을 때 : **venga (자, 얼른)**

· Venga, vamos.   자, 가자.

· Venga, vamos a trabajar.   자, 우리 일합시다.

■ 놀라움이나 불신을 표현할 때 : **¡no me diga(s)! (설마, 그럴 리가)**

· ¡No me digas! Yo no lo sabía.   그럴 리가! 나는 그것을 몰랐어.

■ 설명 전에 상대방의 주의를 끌 때 : **mira/ mire (이것 봐/ 이것 봐요)**

· ¡Mira, ha llegado el tren!   저것 봐, 기차가 도착했어!

③ 주요 전치사 정리

❶ **a**

· 방향
        Iremos a Guatemala este invierno.
        우리는 이번 겨울에 과테말라에 갈 것이다.

· 날짜
        Estamos a 27 de junio.
        6월 27일이다.

· 간접목적어 앞에
        Le he dado el libro a Andrea.
        나는 그 책을 안드레아에게 주었다.

· 특정한 사람·동물
  직접목적어 앞에
        ¿Has visto a Elena?
        엘레나 봤니?

❷ **de**

· 출신지, 원산지
        Pedro es de Paraguay.
        페드로는 파라과이 출신이다.

· 재료, 내용물
        Esta camisa es de algodón.
        이 셔츠는 면으로 된 것이다.

· 소유자
        Esa mochila es de Daniel.
        그 배낭은 다니엘의 것이다.

· 관계
        Son los amigos de Isabel.
        그들은 이사벨의 친구들이다.

❸ en

- 시공간적 위치

    En primavera volveremos a Madrid.
    우리는 봄에 마드리드로 돌아갈 것이다.

- 교통수단

    No vamos a viajar en avión.
    우리는 비행기로 여행하지 않을 것이다.

❹ con

- 동행, 수반

    No me gusta el té con leche.
    나는 밀크티를 좋아하지 않는다.

- 도구

    Ella lo ha escrito con el boli azul.
    그녀는 그것을 파란색 볼펜으로 썼다.

❺ por

- 원인, 이유

    Le damos gracias por su ayuda.
    우리는 그의 도움에 대해 그에게 감사한다.

- 수단

    Begoña está hablando por teléfono.
    베고냐는 전화 통화 중이다.

- 대략적 위치

    La farmacia está por ahí.
    약국이 거기쯤 있다.

- 폭넓은 시간대

    Aprende inglés por la tarde.
    그는 오후에 영어를 배운다.

- ~을/를 들러서

    Voy a Gerona por Zaragoza.
    나는 사라고사를 거쳐 헤로나로 간다.

❻ para

- 목적

    Ella se pone las gafas para leer.
    그녀는 독서를 위해 안경을 쓴다.

- 목적지

    Salgo para Jaén dentro de una hora.
    나는 한 시간 후에 하엔으로 떠난다.

- 시한

    El trabajo es para el martes.
    작업은 화요일까지다.

어휘 늘리GO!

⭐ **스페인 사람들의 특징적인 제스처(gestos)**

스페인 사람들은 몸의 움직임이 크고 많은 편이에요. 그들의 몸짓을 이해한다면 말 이상의 정보를 얻을 수 있으므로 대표적인 제스처에 대해 알아보도록 해요.

먹다

술 마시다

맛있다

기대하다

돈

가득하다, 꽉 차다

양이 무척 많다

대략, 그럭저럭

수상한 느낌이다

A 알맞은 동사를 골라보세요.

1. Amalia, ¿qué quisiste | querías ser de niña?

2. Félix tuvo | tenía un accidente el mes pasado.

3. La semana pasada estuvimos | estábamos en la playa.

4. Cuando nos casamos | nos casábamos , vivimos | vivíamos en Toledo.

5. Ayer Raúl no fue | iba a trabajar porque estuvo | estaba enfermo.

casarse 결혼하다   **enfermo/a** 아픈, 병에 걸린   **playa** f. 해변

B ser 동사의 알맞은 과거시제의 형태를 빈칸에 써보세요.

1. Dalí _____ un gran artista.

2. Mis abuelos tenían una casa en el campo. _____ preciosa.

3. Ángela _____ directora de un banco en 2022.

4. Cuando _____ joven, Martín vino a España a trabajar.

campo m. 들판, 시골   **director/a** m.f. 은행장, 팀장, 감독

C 제시된 동사의 알맞은 과거시제의 형태를 빈칸에 써보세요.

1. **A :** El verano pasado _____ (yo, estar) en Puerto Rico.

   B : ¿Te _____ (gustar) el país?

   A : Sí, _____ (estar) una semana en San Juan y _____ (ir) a Cuba.

2. **A :** ¿Cuándo _____ (tú, conocer) a Irene?

   B : La _____ (conocer) cuando _____ (vivir) en Uruguay.

3. **A :** Antes no me _____ (gustar) las verduras.

   B : A mí tampoco. Yo solo _____ (querer comer) la pasta.

D Reina와 Alberto의 대화를 듣고 질문에 대답해 보세요. 🎧 Track 20-03

1. ¿Dónde estuvo Reina el fin de semana?

   ① En casa de sus padres　　② En casa de sus amigos　　③ En su casa

2. ¿Qué hizo Alberto el fin de semana?

   ① Estuvo en Marsella.　　② Vino un amigo a verlo.　　③ Estuvo en Lisboa.

3. ¿Qué hacía Alberto cuando estaba en Lisboa?

   ① Trabajaba en una academia.　　② Iba a ver a un amigo.　　③ Aprendía portugués.

   academia f. 학원, 아카데미　**experiencia** f. 경험

E 빈칸에 알맞은 말을 골라보세요.

1. Hemos oído la noticia `en | con | por` la radio.

2. Este helado es `por | en | de` fresa.

3. Mañana te llamo a las nueve `por | de | a` la mañana.

4. ¿Has visto `ø | a | para` mi hermano?

5. Este tren sale `por | en | para` Valencia.

avión m. 비행기   **fresa** f. 딸기

스페인어권 세계 만나GO!

안데스의 대로: Qhapaq Ñan

잉카의 도로망은 거대한 잉카 제국의 가장 중요한 지점을 연결하는 도로 체계인데, 이는 '왕이나 권력자의 길'을 의미하는 께추아어 qhapaq ñan까팍 난이라고 불렸어요.

세계에서 가장 험준한 지역에 건설된 이 도로망은 잉카의 뛰어난 토목공학 기술을 잘 보여주어요. 잉카 제국의 Pachacutec빠차꾸떽 황제가 대부분을 건설하여 제국의 주요 도시와 수도인 Cusco를 연결했어요. Qhapac ñan은 군대를 빠르게 동원할 수 있게 해주었으며 재분배와 교환이 쉬운 무역로 역할을 했어요. 또한 새로 정복한 민족의 잉카화에도 이용되었어요. 현재 페루, 볼리비아, 에콰도르, 콜롬비아, 칠레, 아르헨티나 영토의 일부에 해당하는 이 도로망은 역사·문화적 중요성으로 인해 UNESCO 인류 문화유산에 등재되었어요.

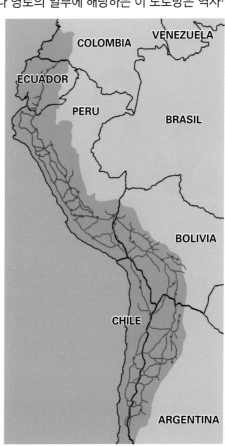

영토를 가로와 세로로 통과하는 수많은 경로인 qhapac ñan은 총 길이가 6만 km 이상이며 이들 중 안데스산맥을 통과하는 세로 경로와 해안 사막을 통과하는 세로 경로가 가장 중요해요. 해안 경로는 에콰도르 남부에서 칠레 북부까지 제국의 해안을 따라 이어져요. 안데스의 경로는 현재 에콰도르의 수도 Quito와 칠레의 수도 Santiago de Chile를 연결하여 험준한 지형을 통과해요.

세계적으로 가장 유명한 길은 Cusco와 Machu Picchu마추픽추를 연결하는 Camino Inca(*Inca Trail*)이에요. 험준한 산을 지나 우르밤바 강 유역을 타고 잉카의 공중 도시로 올라가는 40km의 이 경로는 허가증 없이 들어갈 수 없으며, 관광 상품인 가이드를 동반한 4일간의 여정은 페루 최고의 하이킹 코스예요.

입이 트이는 스페인어
Semi 선생님

강좌

- 스페인어 진짜학습지 첫걸음

스페인어 명품 강사!
Bona 선생님

강좌

- NEW 초급, 중급 스페인어 문법
- 고급 문법+독해
- 한 번에 끝내는 DELE A2, B1, B2
- 한 번에 끝내는 중·고급 관용어구 100

자타공인 스페인어 최강자!
Natalia 선생님

강좌

- [신유형] 실전 독해/작문, 회화/듣기 DELE A2
- 실전 독해/작문, 회화/듣기 DELE B1
- 뉴스로 배우는 중·고급 스페인어
- FLEX UP 스페인어 듣기/읽기
- 리얼 현지 스페인어 상황별/장소별 회화편

진짜 쉬운 스페인어!
Daniel 선생님

강좌

- NEW 왕초보탈출 1, 2, 3탄
- 스페인어 동사 변형 시제 마스터
- 왕초보 어휘 마스터 1, 2탄

GO! 독학 스페인어 단어장

단어장 한 권으로 첫걸음부터 DELE까지 한 번에!

첫걸음부터 DELE 시험 준비를 목표로 하는 학습자까지, 보다 친절하면서도 효율적으로 단어를 학습할 수 있도록 구성하였다. 회화와 시험에 꼭 나오는 예문과 체계적인 분류로 유기적인 단어 암기가 가능하다.

이소라 지음 | Raimon Blancafort López 감수 | 값 15,800원

한 권으로 끝내는 DELE A2·B1·B2

기본부터 실전까지 영역별 완벽 대비

이 책 한 권이면 멀고 비싼 학원을 다니지 않아도 시험 입문에서부터 실전까지 완벽하게 대비할 수 있다. 출제 경향을 분석한 출제 가이드와 꼼꼼하면서 날카로운 문제 공략법을 제시한다. 스페인어권 6개국 원어민이 직접 녹음한 MP3 파일과 휴대용 단어장, 온라인 실전 모의고사도 무료로 제공한다.

BONA, 시원스쿨스페인어연구소 지음 | A2 32,000원/B1·B2 33,000원
(본책+휴대용 단어장+온라인 실전 모의고사+MP3 제공)

NEW 초급 스페인어 문법

초급 학습자를 위한 기초 스페인어 문법서

이 책은 시원스쿨 스페인어 명품 강사 BONA 강사가 집필한 전문성 및 신뢰도 높은 교재로 학습자들이 어려워하고 헷갈려하는 내용을 콕콕 짚어 정리해 준다. 또한 하나의 과를 이론, 예문, 문제 풀이의 흐름으로 체계적으로 구성하고, 문법을 예문 중심으로 반복 학습해 문법을 저절로 암기할 수 있도록 한 교재이다.

BONA, 시원스쿨스페인어연구소 지음 | 값 19,500원

MEMO

MEMO